CEO가
다시
신입이 된다면

CEO가 다시 신입이 된다면

초판 1쇄발행 2019년 7월 5일

지 은 이	정송이, 한병석, 이영상, 강형구
펴 낸 이	김군호
기 획	에프앤가이드
펴 낸 곳	㈜에프앤가이드
디 자 인	도서출판 생각나눔
마 케 팅	도서출판 생각나눔
출판등록	제 2006-000109호
주 소	07805 서울특별시 강서구 마곡중앙2로 61 에프앤가이드 빌딩
전 화	02-769-7700
팩 스	02-769-7788
홈페이지	www.fnguide.com
이 메 일	fnguide@fnguide.com

- 책값은 표지 뒷면에 표기되어 있습니다.
  ISBN 979-11-966431-1-9   03320

- 이 도서의 국립중앙도서관 출판 시 도서목록(CIP)은 서지정보유통지원시스템 홈페이지 (http://seoji.nl.go.kr)와 국가자료공동목록시스템(http://www.nl.go.kr/kolisnet)에서 이용하실 수 있습니다(CIP제어번호: CIP2019018647).

어쩌면 세상에서 유일한
신입사원 직장생활 가이드

CEO가 다시 신입이 된다면

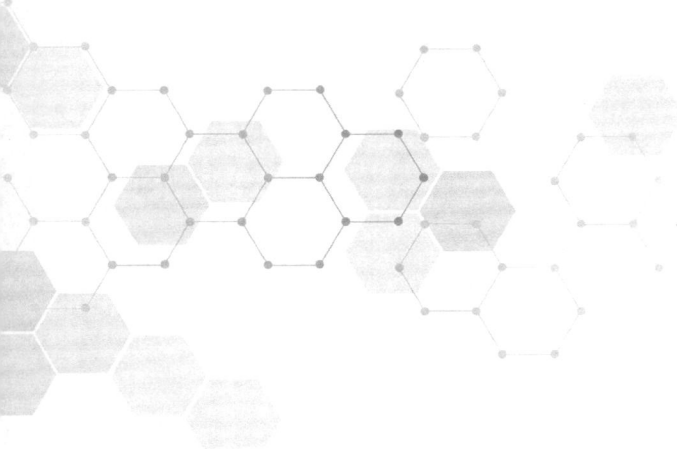

[disclaimer]
본서의 등장인물이나 상황은 특정 회사, 특정 인물과 관련이 없습니다.

시작하면서

 팀원

   처음 시작하는 회사 생활에서 크고 작은 모든 것이 질문이 되었다. 때때로 제대로 된 질문과 궁금함이 맞는지를 스스로 구분해 보려고 할 때도 있었다. 경험이 쌓이고 시간이 지나면 저절로 터득하고 깨닫게 되는 것일까? 제대로 된 질문을 하는 것도 어려웠지만, 답을 얻기란 더더욱 어려웠다. 어쩌다 답을 받아도 신뢰가 가지 않고 무척 고민됐다. 잘하고 싶은데, 잘하는 방법을 모를 때가 많았다.

   많고 많은 질문을 잘 들어주는 사람을 만나기 쉽지 않았다. 당연하다고 생각한 답이 회사에서는 잘 통하지 않는 듯했다. 찾아도 현실에 그대로 적용하기 어려울 때가 많거나, 결과 없이 좌절을 맛보기도 했다. 답은 쉬운데 행동으로 옮기기가, 답안대로 실현되기가 쉽지 않았다.

   그래서 질문 하기는 커녕, 너무 시시하고 사소해서 질문이라고 생각하지도 않았을, 하지만 모르고 가는 것보다 무엇이라도 알고 싶었을, 고민 많은 '나 같은 내 동기'를 위해 준비했다. 대신하여 묻고 또 물었다. '해 온 대로 하겠다'가 아니라 더 좋은 것이 있는지 알려 주기를, 발견하기를 기다리는 말랑말랑한 '심리적 내 동기'들에게 작은 해답이 되었으면 하는 바람이다.

팀장

'좋은 리더를 만나기는 어렵지만, 좋은 팀원을 만드는 것은 가능하다.'라고 생각했다. 그랬더니, 좋은 팀원은 좋은 팀장이 만들어 내는 거라며, 그런 리더가 되어 달라고 말하는 팀원을 만났다.

어설프고 뻔한 대답이 아니라, 현실적이고 뻔뻔한 대답을 해 주기로 했다. 직장생활의 고민 속에 이 책을 들었던 어리바리한 신입사원이 아닌, 어느 순간 '그건 아닌 것 같은데요.'라고 당당하게 말하는 당찬 사람이 되어가기를 바라는 마음에 이 책을 시작했다.

직장생활을 하다 보면 별의별 일을 다 겪게 된다. 좋은 일도 혹은 이보다 나쁠 수 있을까 하는 일도. 그러나 그럴 때마다 나의 마음을 다잡고 본래의 나로, 제대로 된 직장생활로 돌아갈 수 있는 그런 길잡이가 있었으면 하는 생각이 늘 있었다. 사례별로 궁금했지만 누구에게도 물어보지 못했던 상황들에서 직장생활의 지침이 되기를 바라는 마음을 담았다.

하지만 손 안 대고 코 풀려는 식의 요행을 바라는 사람에게는 적절치 않은 질문과 대답일 수도 있다. 고민 많은 신입사원에게는 해답이 되어 줄 것이라는 믿음이 있다. 질문을 하고 고민한다는 것은 스스로 움직일 준비가 되어 있다는 데 위안을 얻고 이 책을 읽어 나가기를 바란다. 독자들이 응원해 준다면, 좀 더 적나라한 사례가 담긴 시리즈도 가능할 듯싶다.

 임원

임원에 대한 오해가 너무 많다. 우리 회사 임원은 시대를 잘 만나서, 해외 일류대 MBA라서, 혹은 줄을 잘 서서, 아부(阿附)를 잘해서, 실력 없이도 임원이 되었고 그저 구름 위에서 놀다가 갑자기 하늘에서 내려와서 현장을 모른다고 생각한다. 중견 간부들 대부분은 자신도 임원을 시켜만 주면 당장 할 수 있다고 생각한다. 특히, 거의 모든 임원 후보자들은 '난 지금 충분히 능력이 있지만 날 알아주지 않아 승진이 안 되고 있고 그러니 실력 발휘를 안 하고 있지만 시켜만 주면 당장 지금 임원보다 훨씬 잘할 수 있다'고 믿고 있다.

반면에 고위 임원들은 임원 후보자를 볼 때, '부장이지만 이미 임원처럼 행동하고 있는 사람'을 간절히 찾고 있다. 나와 같은 고위 임원들도 처음 입사해서는 어리바리하고 좌충우돌하고 있는 신입사원의 시절을 충분히 겪었고, 나름 20년 이상 많은 경험과 좌절과 시행착오를 통해 생존하고 성과를 내고 인정받아 이렇게 성장해 온 것이다.

내가 지금 바라보고 있는 그대는 그저 미숙하고 어린 신입사원이 아니다. 지금 내가 보고 있는 그대는 누구보다도 멋진 인생을 살아갈 최고의 가능성을 가진 인물이다. 당신 집안의 미래이자 또 우리 회사의 미래다. 아니, 한국의 미래다. 그대가 주변의 못된(?) 관행이나 질 나쁜 선배 때문에 다치고 실패하고 좌절하지 않고, 잘 정착하고 성장해서 큰 인물이 되기를 진심으로 바란다. 잘 지도해 주고 싶다. 단 그럴 마음의 준비가 되어 있어야 한다.

무엇인가 배우려는 자는 두 가지가 필요하다. 마음을 열고, 그리고 마음을 비워야 한다. 자신이 최상의 향을 내는 극상품 차를 마시기 위한 찻잔이라고 생각해 보자. 먼저 찻잔의 뚜껑을 열어야 한다. 그리고 열어본 찻잔에는 다른 차가 채워져 있으면 안 된다. 이미 식은 옛 차는 쏟아버리고 비워져 있어야 한다. 이 책은 이렇게 준비된 자를 위해 쓰인 것이다.

개개의 질문에 그 문제만을 즉시 해결하려는 그저 대중적 요법(對症的 療法)을 제공하고 싶지 않았다. 모든 해답은 결국 여러분의 마음가짐을 어떻게 하느냐로 귀결된다. 근본적으로 모든 것은 여러분의 마음에서 시작된다는 것을 꼭 알아주었으면 한다. 지금의 마음가짐은 빠르면 즉시, 늦어도 몇 년 뒤에 여러분의 인생 전체를 바꾸어 놓는다. 그 마음은 우선 무의식에 각인된 고정관념에서 시작되고, 그 고정관념이 그대의 세상을 보는 잣대가 된다. 이 고정관념으로부터 감정과 생각이 만들어지고 그 감정과 생각이 말과 행동을 하게 하며 그 말과 행동의 집합이 여러분의 삶이 되고 인생이 되는 것이다. 그리고 강한 확신과 믿음이 무의식을 변화시킨다. 즉, 여러분의 인생이 바뀌는 것이다.

항상 자존감(自尊感)을 유지하고 자신을 사랑하며, 내 인생에 있어서 어려움과 불행은 결코 직장환경이나 상사 따위가 결정해서 주는 것이 아니라는 것을 잊지 말기를 바란다. 여러분 개개인이 각자 세상에서 가장 소중한 존재이고 우주의 중심이다.

추천의 글

사회에 첫 발을 내딛은 신입사원에게 건네는
선배들의 진심과 정성

이경숙 아산나눔재단 이사장
(전 한국장학재단 초대 이사장, 전 숙명여대 13대~16대 총장)

저자 중 한병석 팀장과 정송이 대리는 한국장학재단 설립 초기에 함께 근무한 적이 있다. 그 당시, 재단에서 활발하게 운영한 제도가 있었는데 독서 멘토링 제도였다. 이사장은 팀장을, 선배들은 팀원들의 멘토 역할을 담당하기로 했다. 능력과 성품을 키울 수 있는 책을 선정하여 함께 읽고 질문을 하고 토론을 하면서 서로의 다양한 생각을 들여다보는 시간을 가졌다.

이러한 멘토링을 통해 직원 간에 서로 격려하고 존중하는 것은 물론, 배려하고 섬기는 리더십을 키워 긍정적이고 신뢰하는 조직 문화가 구축될 수 있었다. 그때 그 사람들이 모여 책을 출간한다는 소식을 들으니 무척 반가워 보내온 원고를 받고 단숨에 읽었다.

저자들은 집필한 목적을 사회생활을 시작하려는 취업준비생이나 역량 있고 의욕이 넘치는 신입사원들이 직장생활을 하면서 부딪치는 문제에 대해 "회사 조직 안에서 제대로 치열한 삶을 살아온 경험자의 정공법을 통해 실질적인 해법을 알기 쉽게 제공"하는 데 있다고 했다.

책의 구성은 팀원(신입사원)이 60여 가지의 질문을 하고 팀장과 임원이 멘토가 되어 답변하는 방식으로 되어 있다. 신입사원이 실무 현장에서 생생하게 겪고 있는 현실적이고 실제적이며 구체적인 문제들에 대해 질문을 하면, 연륜과 경험이 풍부한 멘토들이 성의껏 지혜와 경험을 나누어 준다. 그 답변이 적실하면서도 재미있고 이해하기가 쉬워 신입사원들이 사회생활을 성공적으로 할 수 있도록 도와주는 유익한 지침서가 될 수 있다.

직장에서 어렵고 힘든 일이 생겼을 때 직급과 연차가 다른 구성원들은 처한 상황과 입장에 따라 생각이 다르고 판단력과 분별력이 다르게 나타날 수밖에 없다. 그러나 직장생활은 인생의 한 부분이고 성공적이고 행복한 삶을 사는 것이 사람들의 궁극적인 목표라면 이 책 마지막 부분에 임원이 자문자답으로 '질문이 없어 못다 한 이야기'에 쓴 내용이 좋은 길잡이가 될 것이다. 미래의 주역이 될 신입사원들이나 독자들이 저자들의 소망처럼 뚜렷한 비전과 인생 목표와 사명감과 올바른 가치관을 가지고 감사와 기쁨이 넘치는 삶의 태도를 가지게 되기를 바란다.

추천의 글

신입사원과 팀장 그리고 임원이
서로가 서로를 이해하고자 한다면

구본걸 LF회장

매년, 평균 수백 대 일의 높은 경쟁률을 뚫고 어렵게 직장에 입사한 유능한 젊은 신입사원들이 채 1~2년을 채우지 못하고 직장에서 탈출하고 있다. 똑똑한 이들이 언뜻 보기에 무모해 보이는 조기 퇴사를 감행하는 이유는 십중팔구 우리 사회에 팽배해진 경쟁적인 직장 문화에 질려버렸기 때문일 것이다. 실로 엄청난 사회적 낭비가 아닐 수 없다.

지금 우리 사회는 이 같은 젊은이들에게 올바른 길을 제시해줄 훌륭한 멘토가 절실하다. 이러한 문제의식 속에 국내외 유수 기업에서 오랜 기간 근무하며 성공적인 커리어를 쌓은 4명의 저자가 본인들이 경험했던 바를 근간으로 이제 막 사회생활을 시작하려는 취업준비생이나 신입사원들에게 신뢰할 수 있는 조언과 해법을 제공하는 멘토가 되기 위해 뭉쳤다.

취업준비생이나 신입사원들이 궁금해할 만한 60여 가지의 상황별 질문을 토대로 팀원(신입사원)이 질문하고 팀장과 임원이 각각 답변하는 대화 형식으로 구성되어 있어 흥미롭고 이해하기 쉽다. 또, 대화 중에 직급 및 연차별로 상이한 직장생활에 대한 직장인들의 생각을 엿볼 수 있어 신입사원들은 물론 젊은 사원들의 진일보한 사고방식을 이해해 최고의 팀워크를 만들고자 하는 기업의 팀장들과 임원들이 읽기에도 매우 유익한 책이다.

바라건대, 훌륭한 멘토들의 풍부한 경험에서 우러나오는 진심 어린 조언을 반드시 이 책을 읽는 독자 여러분의 것으로 만들어, 모두 각자가 속한 직장에서 성공적인 커리어를 쌓고 장차 우리나라 경제를 이끌어 나갈 든든한 버팀목이 되어주기를 당부 드린다.

CONTENTS

시작하면서   5
추천의 글   10

I. 회사 고르기

1. 볼품없는 저스펙으로 취업 준비하기   20
2. 회사 고르기: 포기가 싫다면, 접고 다시   25
3. 소개서(이력서) 쓰기: 내 인생의 반성문   31
4. 인터뷰: 그들의 카드에 적힌 당신에 대한 궁금증   35
5. 연수생활: 동상이몽, 고스펙 동기와 저스펙 당신   39

II. 관계 맺기

6. 첫 출근: 당신을 기억하게 하는 그것, 인사   46
7. 밥 먹기: 하루 중 1시간의 자유, 점심 즐기기   49
8. 사교적인 성격이 부러운 그대   52
9. 어린 선배 vs 나이 많은 신입   56
10. 애교도 능력이다?   59
11. 사람 보는 눈 키우기   61
12. 사랑받는 사람   64
13. 사내 네트워킹   67
14. 첫인상 관리   70
15. 좋은 멘토 찾는 법: 마음 맞는 리더 찾기   72
16. 그와 그녀는 같다? (사내 연애)   76
17. 이미지 메이킹: 약한/ 강한/ 순한 이미지 만들기   78

Ⅲ. 업무 배우기

- 18. 일을 풀지 않는 사수를 만났을 때   *84*
- 19. 일을 받는 방법   *88*
- 20. 세련된 업무 관리 (우선순위 정하기)   *92*
- 21. 회식하기: 술잔을 건네는 방법   *97*
- 22. 회식하기: 일방적인 회식 일정에 대처하기   *100*
- 23. 상사에게 말하기: 김 과장이 했어요 vs 김 과장님이 하셨어요   *103*
- 24. 실수 연발: 틈이 많은 신입사원   *105*
- 25. 새로운 업무를 추가로 받았을 때   *108*

Ⅳ. 업무 하기

- 26. 칭찬을 글로 배운 상사   *114*
- 27. 문제에 대한 의사결정을 못하는 상사   *117*
- 28. 뒤통수에도 눈이 달린 상사   *123*
- 29. 지혜롭게 상사 디스하는 방법   *126*
- 30. 보고서 쓰기: 글 좀 쓰는 것과 보고서 작성은 다르다!   *130*
- 31. 야근하기: 적시에 야근하기   *135*
- 32. 야근하기: 야근이 많은 부서 구별하기   *138*
- 33. 문제 발견하기: 새로운 업무를 맡았을 때   *141*
- 34. 제대로 된 인정이란   *146*
- 35. 휴가 사용하기: '워라밸과 눈치' 그 사이   *150*
- 36. 회의하기: 질서 있는 소통의 장으로 만들기   *152*
- 37. 주말 출근 연락을 받았을 때   *156*
- 38. 이메일 쓰기: 잘못된 메일을 보냈을 때   *159*

V. 사람 다루기

39. 퇴근하기: 상사보다 먼저 퇴근하기	164
40. 일이 되어 버린 상사 챙기기	167
41. 무소불위 선임 대하는 방법	170
42. 소문은 소문에 꼬리를 물고	172
43. 사적 영역을 공유하는 정도?	176
44. 술을 못해요, 어떻게 대처하면 되나요?	178
45. 여자 사람 대하기	181
46. 임원을 대하는 방법	185
47. 잡다한 업무의 결과, 낮은 성과평가	189
48. 상사와 일대일 대화: 면담의 요건	193
49. 의미 있는 한턱내기	196
50. 업무를 모르는 팀장님과 일하기	199
51. 상사 행세하는 선배	202
52. 부정적인 인식의 근원지	205
53. 부정적인 이미지 메이킹 피하기: 조직 내 낙인효과	208
54. 책임을 회피하는 상사를 만났을 때	210

VI. 경력 쌓기

55. 일도 하고 능력도 쌓는 그들	216
56. 비호감 부서 가려내기	221
57. 희망 부서는 '희망'인가요?	223
58. 승진하기: 인정받은 결과?!	225
59. 승진하기: 승진에 탈락했을 때	229

VII. 떠날 때

60. 물러설 때: 떠나야 할 때   *234*
61. 이직: 흔들리는 그대에게   *237*
62. 떠나야 할 때: 떠나기 위한 명분 쌓기   *240*
63. 새로운 시작: 이직을 위해 준비해야 할 것   *243*
64. 이직 그 후, 관계 지속하기   *247*
65. 이직 그 후, 사람 관리   *250*

VIII. 임원의 자문자답(自問自答)
질문이 없어 못다 한 이야기

1. 인생은 게임이다   *254*
2. 매일 성장하고 발전해야 하는 그대   *255*
3. 책은 마음의 양식   *258*
4. 질문하는 자의 두 가지 요건: 마음을 열고, 비워라   *259*
5. 항상 감사하는 마음으로 살아가면 반드시 성공한다   *261*
6. 명문 특목고에 명문대 출신인 그대는
   자신을 엘리트라고 믿고 있는가?   *262*

I
회사 고르기

저는 주관도 뚜렷하고 목적의식도 확고해서 전공이나 직업을 선택할 때 다른 사람의 의견을 묻기보다는 제 생각을 추진하는 편이었는데, 막상 직장을 선택하려고 보니 그 마음이 쭉 이어지지는 않아요. 어떻게 하면 제게 맞는 회사를 선택할 수 있을까요?

1
볼품없는 저스펙으로
취업 준비하기

 팀원

 스펙 쌓기보다는 많이 놀았다. 대신, 취업에 대한 두려움은 떨칠 수 없었기에 놀면서도 다양한 경험을 쌓는 데 매진했다. 다른 이들이 도서관과 학원을 전전하는 사이에 배낭여행을 다녔고, 수업 대신 영화를 보러 가거나 혼자 앉아서 사색을 즐긴 적도 많았다. 성적이 좋을 리 만무하다. 4학년을 맞이하고 이제야 취업을 준비하려고 보니, 덜컥 겁이 난다. 그동안 무엇을 한 것인가 싶다.

 팀장

 청년실업 100만 시대를 살아가는 지금, 졸업을 앞둔 재학생이 가질 수 있는 평범하지만 무거운 고민이라는 데 안타까운 마음이 든다. 공부하기보다는 많이 놀았고 성적을 유지하기보다는 사색을 즐겼다고 했다. 또 전공도 이를 살려 취업하기는 어려운 분야라고도 했다. 우리가 살아가면서 어려운 문제를 직면할 때 가장 쉬우면서도 어려운 해결 방법은 객관화이다. 자신이 직면하고 있는 문제는 세상에서 가장 크고 어렵게 다가온다. 하지만 내가 처해 있는 상황에 대해서 내 것이 아닌 다른 사람의 문제로 가정하고 다시 지금의 문제를 들여다보기를 권한다.

방법은 이렇다. 그대는 왜 소위 말하는 스펙을 쌓지 않았을까? 그 스펙이 취업에 정말 중요한가? 스펙말고 보낸 대학생활은 무의미한가? 성적 대신 내세울 거리는 없는가? 전공에 맞추어 취업해야 할 필요는 있는가? '이제 어떻게 하면 좋을까'로 걱정하고 있는 것보다 꽤 진취적인 답변을 얻을 수 있다. 예를 들면 다음과 같다.

> 스펙을 쌓지 않고 놀았던 이유를 찾아라.
> 다양한 경험을 쌓았던 것을 종류대로 분류하라.
> 당신의 전공이 가지는 장점을 찾아라.
> 전공에 맞추어 취업하지 않더라도 쓰일 만한 분야가 무엇인지 발견하라.

그리고 무엇보다도 중요한 것은 나의 소중한 경험이 그대가 지원하고자 하는 회사에 어떤 장점으로 작용할 수 있는지를 찾아내는 것이다. 당신을 위로하기 위해서가 아니라, 객관화시키고 답을 찾는 과정에서 꽤 많은 장점과 강점을 발견하게 될 것이다. 남은 학기 안에 이런 객관화된 질문을 찾고 답하는 것만 해도 그대는 취업 걱정은 그다지 하지 않게 될 거다.

다행스럽게도 지금의 채용시장은 무분별한 스펙 나열이 아니라, 개념 있는 신입사원 찾기에 더욱 간절하다. 비슷비슷한 대학생활을 보낸 열 명의 사람이 아니라 자신만의 주관과 생각으로 판단하고 행동해 온 한 명이 절실하다. 열린 채용의 궁극적인 목적이기도 하다. 그런 사람이 일도 잘 할 것이라는 데는 반론을 제기할 사람이 없다.

대학생, 그리고 졸업을 앞둔 예비사회인이라면 그 정도 분석력과 판단, 자신이 보낸 시간에 대한 명분은 있어야 하지 않겠는가? 저 몇 가지에 대해 자신에게 던진 질문에도 답을 찾지 못한다면 그때는 좌절해야 한다. 그러나 값지지 않은 경험은 없다. 여러분이 의미를 부여한다면 얼마든지 찾을 수 있을 것이다.

 임원

스펙은 영어로 'Specification'의 준말이다. 직장을 구하는 사람들 사이에서 학력, 학점, 토익 점수 따위를 합한 것 등 서류상의 기록 중 업적에 해당하는 것을 이르는 말이다. 좋은 스펙은 당연히 있으면 좋은 것이다. 그러나 지금 이 시점에서 스펙을 쌓기 위해 과거로 돌아갈 수는 없다. 그럼 스펙의 역할은 무엇인가? 혹시 내가 스펙을 대체할 만한 것을 대안으로 제시할 수 있다면?

힘은 질량 곱하기 가속도(F=M■a)공식을 아는가? 기업에서 힘(Force)은 실적이다. 여기에서 M(Mass)은 성적, 외국어 능력, 좋은 집안, 인맥, 명문대 학력이고 스펙은 M의 일부이거나 M을 조금 더 멋지고 보기 좋게 만드는 장식품이다. a(acceleration)는 열정, 정열, 성실, 집중력, 자존감, 자신감이다. M은 만드는 데 시간이 걸리고 당장은 어쩔 수가 없다. 물론 살아가면서 끊임없는 자기 개발을 통해 키워가야 한다(예, 어학능력배양, 석사 박사학위 취득, 인맥구축 등). 그러나 a는 지금 당장, 거의 무한대로 만들 수 있는 것이다. 비록 M이 남보다 작아도 a의 가속도를 가지고 곱했을 때 게으르고, 의욕 없고, 자만심에 빠진(즉, a=0인) 고스펙의 고학력자보다도 훨씬 큰 Force를 보일 수 있다.

    일단 취업이 되어야 그것을 시도해 볼 만하겠지만 스펙이 약해 아예 그런 기회가 주어지지 않는다고? 물론 취준생에게 스펙은 door-opener로서의 역할이 있다. 일단 인정할 것은 인정하자. 돈 잘 버는 부모님 덕분이건, 본인이 끊임없이 노력해서 얻었건 좋은 스펙을 가진 자보다 불리한 것은 당연하다. 고용주 입장에서는 이왕이면 더 큰 M을 가진 자를 선호하는 것을 당연하다고 생각하자. M의 요소들의 특성은 만들어내는 데 상당한 시간이 걸린다는 공통점이 있다. 그리고 그중 많은 것들이 수년에 걸친 본인의 노력, 성실성, 극기의 결과물이기 때문에 충분히 존중되고 그 가치가 높게 평가되어야 한다. 만약 자신이 그런 면에서 미흡했다면 우선 깊이 참회하도록 하자. 그리고 진심으로 반성했다면, 지금 취업에서 자꾸 밀리는 것이 그 대가를 치르는 것이라 생각되면 그다지 억울하지도 않을 것이다. 그리고 살면서 꾸준히 M을 키우도록 노력해야 한다.

아무튼, 스펙은 M의 대부분도 아니고 본질 부분이 아니다. 대부분 그 언저리에 있는 것이다. 최소한 자신이 자신의 전공분야라든가 필요한 어학 등 M의 본질적인 구성 부분을 잘 가꾸어왔다면 역시 해볼 만하다. 그나마 M도 너무 약하다고? 그럼 우선 자소서에 그러한 진심을 보이며 'a'를 강조할 수밖에 없다. 그리고 인터뷰 기회가 주어진다면 정말 최선을 다해 자신의 열정, 정열, 자존감 등을 보여주는 것이다. 많은 고용주 역시 그렇고 그런 스펙의 미약한 실체에 실망하고, 식상한 경우가 너무나 많다. 그러니 포기하지 말고 끝까지 자신의 진정한 열정을 표현하도록 하라.

2
회사 고르기
: 포기가 싫다면, 접고 다시

 팀원

저는 주관도 뚜렷하고 목적의식도 확고해서 전공이나 직업을 선택할 때 다른 사람의 의견을 묻기보다는 제 생각을 추진하는 편이었는데, 막상 직장을 선택하려고 보니 그 마음이 쭉 이어지지는 않아요. 어떻게 하면 제게 맞는 회사를 선택할 수 있을까요?

저는 좋은 말로 다소 순종적인 편입니다. 다른 말로는 우유부단하고 부모님이나 학교 선생님의 진로 상담에서 좌지우지되어 학교와 전공을 선택한 경우라고 할 수 있어요. 그래서 전공대로 회사를 선택하지 못한다는 데 거부감은 없지만, 이번에도 부모님과 다른 사람이 원하는 대로 직장을 선택하게 된다는 게 큰 부담이에요.

지금까지도 뚜렷하게 되고 싶은 것이 없는, 그저 평범하고 보통 사람처럼 살고 싶은 사람이에요. 무엇을 하고 싶은지가 없다는 게 무엇을 선택하기도 힘들 거라는 생각은 하지 못했는데 친구들 따라 여기저기 원서를 내면서 오히려 더 혼란스러워진 상태입니다. 저는 어떻게 하면 좋을까요?

 팀장

 의지가 강하든, 순종적이든, 하고 싶은 것이 없었든 학교를 떠나 새로운 사람, 새로운 조직을 만난다는 것은 누구나 부담스럽고 어려운 일이다. 각각 다른 성향의 질문을 한자리에 모은 것은 이런 고민이 혼자만의 생각이 아닌 것을 보여 주고 싶었던 이유도 있다. 졸업 후 각자의 자리에서 일하고 있는 선배들을 만나 본 적이 있는가? 어떤 것이 최고의 선택인지를 고민하는 당신들에게 속한 직장은 다른데 어느 선배든 한결같은 답을 하는 경험을 한 적이 있을 거다.

 '어디를 가나 똑같다'는 반응 말이다. 이 얼마나 무책임하고 두루뭉술한 대답인가. 하지만 이제 회사를 선택해야 하는 당신들에게 그렇게 대답할 수밖에 없었던, 이제 갓 신입사원 딱지를 뗄까 말까 한 선배들은 얼마나 답답한 마음이었을까 하는 생각이 든다. 당신들이 믿고 따르던 선배들도 불과 1~2년 전에는 취업 준비생들이 하는 고민을 하고 있었을 거다. 어떻게 하면 즐겁고 행복하게 거기다가 월급까지 받으면서 일할 수 있을까 하는 것이었을 게다. 그런데 이 삼박자가 맞춰지는 조직은 거의 찾기가 어렵다. 회사가 이 모든 조건을 갖추고 있어야만 가능하다고 생각하는 이들에게는 단언컨대, 이런 상황은 있을 수 없다. 잘 갖춰진 조건 안에 나만 쏙 들어가고 싶다

는 생각을 하고 있다면 앞으로 1년 후 꼭 이와 같은 말을 할 거다. '어디를 가나 똑같다.'

좀 더 솔직해지자. 나는 주관도 뚜렷하고 하고 싶은 것도 많았는데 회사에 들어가면 그것을 못하는 게 두려운 것은 아닌가? 순종적이지만 부모님이 원하는 조건에 맞추어 들어가기에는 내가 좀 부족한 것은 아닌가? 평범하고 보통사람처럼 살고 싶다는 것은 고만고만한 조건에 경제적으로 어려움 없이 살 수 있는 회사에 가고 싶지만 바쁜 것은 싫다는 욕심을 살짝 가려 놓은 것은 아닌지? 솔직하게 내 마음을 열고 관찰해 보자. 아직 회사도 들어가기도 전인데, 맘껏 고민 좀 더 하자. 네 속마음과 현실의 차이라도 명확하게 알고 있어야 하지 않겠는가? 그래야만 어떤 회사에 가도 흔들리지 않는다.

그래도 고민이 쉽사리 해결되지 않는다면, 이것만은 기억하기를 바란다. 회사를 선택하는 데 우선순위를 어디에 둘 것인가 하는 기준은 꼭 정해 두기 바란다. 월급, 근무 강도, 분위기(보수적 또는 개방적), 경력계발 등에서 포기하지 못 할 한 가지는 있어야 한다. 적어도 6개월, 1년은 버틸 힘은 여기에서 나온다. 처음부터 다 맞추려고 하면 힘들다. 내려놓는 연습도 하자. 앞으로 있을 많은 날의 삶을 잠시 접고 다시 찾는 연습 과정이다.

이도 저도 아니다. 고민도 하기 싫다. 그러면 방법은 한 가지, 다수가 좋아하는(인정하는) 기업 순위를 나열해 놓고, 그나마 내가 가진 스펙(F=M■a) 공식에 잘 맞는 회사를 눈여겨보자. 그리고 그 회사의 적어도 채용 경향을 살펴서 그에 맞는 최소한의 스펙을 만들어라.

그 기준이 빨리 만들어진다면 다행스럽지만, 이미 시기를 놓쳤거나 당장에 할 수 없는 경우가 다수일 거다. 그러나 지금 이런 고민을 하고 있다는 것을 보더라도 이미 당신은 준비하고 있는 것이다.

 임원

큰 그림부터 보자. 소위 싹수가 있는 기업은 몇 가지 조건을 갖추고 있다. 우선 그 제품이나 서비스가 소비자에게, 고객에게 가치가 있어야 한다. 예를 들면 기쁨, 행복감, 건강, 즐거움, 편리함, 안전, 성장, 지식 등이다. 그리고 고객과 직원을 소중하게 생각한다. 그래야만 그 기업은 지속 가능하고, 직원은 일의 보람을 느끼며 근무할 수 있다. 둘째, 철저하게 성과 중심이고 경쟁을 중요하게 여긴다. 그래야 몇 년이 지났을 때, 경쟁력 있고 유능한 자신을 발견할 수 있을 것이다. 그런 두 가지 기준으로 본다면 소위 '신의 직장'이라고 여겨지는 거의 모든 기업이 이 조건을 갖추지 못하고 있다는 것을 알게 된다.

대신 이제부터 생각해 볼 개인적인 차원에서는 일부 충족되는 부분이 있을 것이다. 그 점이 '신의 직장'으로 불리게 된 이유가 될 수도 있겠다. 그것은 역설적으로 신의 직장이 아닌 대개의 기업은 '갖추고 있지 않거나 갖출 수 없거나' 하는 얘기가 되기도 한다. 결국, 100이면 100의 모든 요소를 갖춘 회사는 없다.

그럼 이번엔 개인적인 차원에서 다시 한 번 생각해 보자. 직장이 내 인생의 꿈이 실현되는 곳이어야만 한다는 착각부터 버리자. 자아 실현의 기회, 가족 같은 분위기, 매 순간 보람을 느끼는 일의 연속, 적성에 딱 맞는 분야의 일, 남부럽지 않은 급여와 복지 수준, 어려운 일을 맡아 하며 힘들어할 때마다 격려해주시는 선배, 상사님. 일을 끝낼 때마다 쏟아지는 칭찬. 그리고 일과 개인 삶과의 균형을 유지시켜 주는 시간 배분, 주말 휴일 보장까지. 너무나 당연한 것이라고 생각되는가? 용인 에버랜드에 가 보았는가? 입장권이 얼마였는가? 왜 그런 비싼 돈을 내고 굳이 입장하였는가? 즐거우니까. 좋으니까. 회사에 출근할 때 돈을 내고 들어가는가? 아니면 직장에서 월급을 받고 있는가? 직장이 행복을 주는 곳이고, 완벽한 꿈이 실현되는 곳이라면 돈을 내고 다녀야지 왜 받고 다니는가?

　신입사원들이여, 착각하지 말지어다. 직장은 이익을 창출하는 곳이다. 외부와 경쟁하고 고객을 진정으로 만족시키고, 마음을 사로잡아 이익을 창출하여 다수의 직원을 고용하고, 세금을 내서 국민을 먹여 살려야 하는 치열한 전쟁터이다. 전쟁터에서는 좋아하는 일을 하면서 보람을 느끼는 사람보다는 잘하는 사람이 중요하다. 하물며 적성에 맞지 않는다고 노상 고민하고 주저하는 사람은 조직에 해를 끼칠 뿐이다. 물론 확률상 좋아하는 것을 하게 되면 남보다 잘하게 되고 그러면 성과도 배가된다. 그러나 과연 모든 직업인 중에 정말로 그런 사람이 몇 퍼센트나 된다고 생각하는가? 일단 집중하고 최선을 다해라.

　드물기는 하지만 당장 집어치워야 할 경우도 있을 것이다. 회사가 제공하는 제품이나 서비스가 소비자에게 혹은 고객에게 진정한 가치를 제공하고 정당한 수입을 올리는 것이 아니라 속이고 피해를 주는 일이라면 재고의 가치도 없이 그곳을 떠나라. 혹은 정말 자신이 하고 있는 업무 자체가 매 순간 죽도록 싫다면 그리고 다른 업무로 바꿀 가능성이 없다면 당장 그만두고 새 일을 찾아라. 그러나 그렇지 않다면 좋아하는지 아닌지를 확인하려고 고민하지 말고 그 전에 잘할 생각부터 하라. 혼신의 힘을 다한 후에는 정말 자신이 계속할 일인지 아닌지 저절로 답을 알게 될 것이다.

3
소개서(이력서) 쓰기
: 내 인생의 반성문

 팀원

　요즘 회사의 규모를 막론하고 소개서에 써야 하는 항목이 너무 많아요. 이제 대학교를 졸업하는 제가 경험한 내용으로는 너무 거창하고 비현실적인 사례를 내놓으라고 하는 것만 같아서 소개서만 생각하면 마음이 답답해져요. 나는 도대체 이제까지 무엇을 하고 살았을까 하는 자책까지 하게 되니까요. 접수 마감일은 점점 다가오는데 도무지 소개서의 진도가 나가지 않아요. 마감일이 다가올수록 마음만 급하고 저를 보여 줄 반짝반짝 빛나는 소개를 하기가 너무 어려워요. 정말 읽어 보기는 하는 것인가요? 그들이 원하는 소개서는 어떤 것인가요?

 팀장

　작은 회사니까 대충 쓰고, 큰 회사니까 며칠 밤낮을 새워서 작성한다. 한 번 써놓은 이력서니까 몇 번이나 우려먹는다. 이럴 요량이라면 그대는 아직 준비가 덜 되어 있다. 갓 졸업한 대학생보다는 짧은 경력이라도 인턴이나 사회생활을 한 신입을 뽑는 회사에 볼멘소리를 할 자격이 없다. 이제 막 사회생활을 시작하려는 당신의 작은 경력은 크게 봐 주기를 원하면서 당신 스스로도 회사를 차별하고 있었던 것은 아닌가? 내가 소중한 만큼 그대가 지원하려는 크고 작은 회사도 매우 많은 경험을 거쳐 지금에 이르렀다. 그런 곳에서 사람을 찾고 있다. 최선을 다해서 나의 소개를 쓰는 것은 그곳과 내 삶에 대한 예의다.

결과를 열어 보기 전, '고스펙은 필요 없다' 해 놓고 정작 뚜껑을 열어 보면 고스펙자가 수두룩한 현실. 이 때문에 취업 준비생의 스펙 쌓기가 당연한 수순이 되어 버린 지금, 참신한 인재를 뽑겠다는 의지를 담은 게 지금의 열린 채용이다. 열린 채용의 분위기를 틈타 진정성이 담긴 이력서 쓰기는 매우 중요한 단계가 되었다. 고민에 고민을 거듭하여 자신만의 우선순위와 기준을 만든 사람이라면 이 과정이 그리 어렵지 않다. 그 고민을 풀어내기만 하면 된다. 풀어내기가 쉽지 않다고? 아니다. 방법을 알려주겠다.

쉽게 접근할 수 있는 방식이 '자신의 삶 매핑하기'다. 하얀 종이 한 장을 마련하라. 현재 시점에서 가장 기억에 남는 일부터 적어 보아라. 당장 어제 일이 될 수도 있고, 며칠 전 혹은 몇 년 전에 다녀온 여행일 수도 있다. 오래 고민하지 말고 기억나는 것부터 종이의 가장 한가운데 적는다. 우선 연습하는 셈 치고 일상생활을 통한 매핑을 해 보자. 얼마나 많은 생각의 갈래를 만들 수 있는지 자기소개서에 쓸 것이 없다고 토로하는 취업 준비생들의 사고의 깊이, 자신 안에 숨겨진 무궁무진한 거리를 끄집어내는 시간을 가져 보고자 한다. 새로 경험을 만들 필요는 없다. 이미 가지고 있는 자신만의 것으로도 많은 것을 풀어낼 수 있다.

그대가 해 온 일상의 모든 결과는 작은 것에서 시작되는 것처럼 보이지만 그림으로 그려 보면 어느 것 하나 연결되지 않은 것이 없다. 이를테면 겨울옷을 정리하면서 발견한 생활습관과 태도에서도 당신의 자란 환경, 성격, 영향력 등을 가려낼 수 있다. 단순한 일상을 이렇게 연결해 놓고도 그대가 살아온 삶의 모습이 그려진다. '나의 삶 매핑하기'는 내 인생을 찬찬히 들여다보는 효과를 가져다준다. 당신을 모르지만 사회경험이 풍부한 면접관, 인사팀장이 읽었을 때 진정성 넘치는 소개서를 쓰기에 이런 연습이 매우 효과적이다.

어제의 일을 돌이켜 본 것은 '매핑하기'가 처음인 당신을 위한 예시에 불과하다. 그대가 지금까지 살아오는 동안 크그 작은 그래서 잊지 못하는 혹은 잊고 싶은 기억들이 모두 당신의 이야기다. 스토리를 만들려면 소재를 찾아야 한다. 그 '소재 찾기'의 연습이 매핑이다. 한번에, 단시간에 매핑을 하려고 하지 말고 기억이 날 때마다 쉬는 시간이 생길 때마다 천천히 즐기면서 그림을 그려 보기를 권한다. 이것은 처음 회사를 찾고 있는 당신에게만이 아니라 훗날에 이직을 해야 할 때도 매우 큰 도움이 될 것이다. 면접관은 당신의 삶에 영향을 미친 그 무엇인가가 회사와 맞는지를 소개서에서 찾아내고 싶어한다. 그들은 그대가 적어 낸 그 소개서를 통해서 당신을 상상한다. 그러면 어떻게 해야 하겠는가? 당신의 삶 하나하나가 얼마나 의미 있었는지 되짚어가는 작업이 꼭 필요하다. 그게 '나의 삶 매핑하기'의 시작이다.

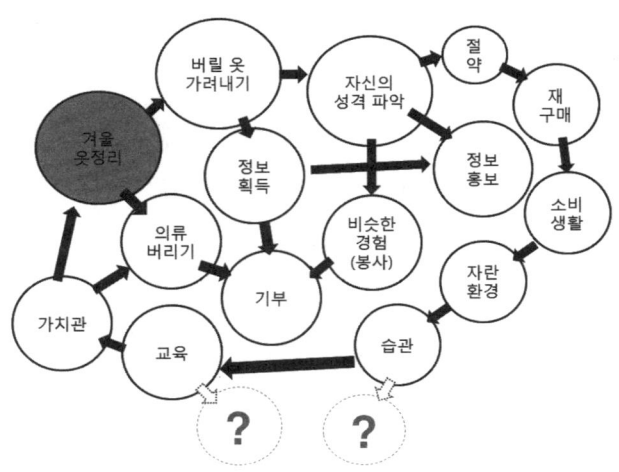

〈나의 삶 매핑하기〉

 임원

솔직히 자소서가 취업 성공에 얼마나 역할을 하는지 모르겠다. 그러나 한 가지 분명한 것은 2가지 요소를 분명히 갖추어야 하는 것이다. 우선 자신의 진실한 모습이 글의 소재가 되어야 한다. 즉, 거짓이 있으면 안 되는 것이다. 그러면 너무 쓸 것이 없다고? 걱정 말아라. 인생은 잘 들여다보면 엄청난 양의 스토리 소재가 넘쳐나고 있다. 그것을 표현할 능력이 없거나 그만큼 고민을 안 했을 뿐이다. 둘째, 그러한 사실을 바탕으로 하되 그중 보여주고 싶고 고용주가 보고 싶어 하고 또 보여 주어야 하는 것을 잘 선정해야 한다. 지원하는 기업이 속해 있는 업종에 따라, 그 기업의 문화에 따라, 자신의 가치관에 따라 잘 배합해서 보여 주면 된다.

4
인터뷰
: 그들의 카드에 적힌 당신에 대한 궁금증

 팀원

서류, 필기전형을 통과하고 마주한 실무진 면접에서 가장 중요하게 준비해야 하는 사항은 무엇인가요? 많이 떨어지고 많이 실패했던 터라, 그래서 이제는 면접이 너무 두려워요.

 팀장

우선 면접을 앞둔 그대에게 제일 먼저 하고 싶은 말 한 가지, 겁먹지 마라! 어느 정도 이 회사가 원하는 스펙에 도달했으니 면접까지 온 거다. 당당해도 될 만큼의 나 자신에 대한 자랑스러움이 필요한 시간이다. 말을 잘하고 못하고를 떠나서 면접을 앞둔 이들 중 떨지 않는 경우는 드물다. 당신만 그런 게 아니다. 모르는 곳에 대한, 질문에 대답하지 못할 것에 대한 두려움, 첫인상에 대한 평가 등 자신이 예측하기 어렵고 제어하기 어려운 요소는 이것 말고도 무궁무진하다.

100번의 소개서를 쓰고 100번의 실패를 경험한 사람들이 면접이 더욱 두렵다. 또 안 될까 봐 하는 마음 때문이다. 그러나 떨지 말자. 면접관의 질문에 대답을 못 해도 괜찮고 감정에 격해서 울어도 괜찮다. 그리고 스스로를 속이지 말고 지어낸 말을 하지 않는 것이 중요하다. 면접은 여러분이 직접 써 내놓은 소개서가 사실인지를 검증하는 과정일 뿐이다. 그 소개서에 자신을 감성적이라고 했다면 그 표현이 맞는 거다. 회사는 소개서와 다른 사람을 뽑지 않는다. 소개서보다 훨씬 나은 당신을 발견했다면 모를까.

한 가지 분명히 기억할 것은 모든 이에게 자신만의 매력이 있으니 자신을 사랑하는 사람이 되기를 바란다. 그리고 이미 소개서를 통해서 그 매력을 한꺼풀 보여 놓았다. 면접관은 그대가 매우 궁금하다. 쇼를 하고 오라는 게 아니다. 조근조근, 천천히 실제로 그 회사에서 일을 할 때 상사를 대할 때 당신의 모습을 상상하면서 당신의 성품 그대로 그렇게 얘기하기를 바란다. 없는 것을 억지로 내세우려고 하지도 말고 외운 것을 줄줄이 읊어 내지 못해 속상해할 것도 없다.

압박 면접에 놀라지 마라. 입사하고는 그보다 더한 압박의 일상도 있다. 질문에 질문에 거듭하며 꼬투리를 물어 가면서 당신을 조여와도, 의연하게 "방금 하신 질문은 평소에 생각하지 못했던 거지만 오늘로 다시 생각해 보게 됐다."로 시작해도 된다. 그리고 생각나는 것을 또다시 찬찬히 얘기하라. 급하게 말하지 말고 될 수 있는 한 천천히, 예상하지 못했던 질문에 자책하지 말고 겁먹지 말고 얘기하라.

면접관은 당신의 답이 궁금하지 않다. 물론 정답을 기대하지도 않는다. 당황스러운 순간에, 땀이 삐질삐질 나는 어려운 순간에 대처하는 당신의 진짜 모습을 보고 싶어서 조금은 고약한 방법을 쓰는 거다. 스스로가 당당하고 자신을 사랑할 줄 알아야 다른 사람도 당신을 그렇게 바라본다. 그래야만 당신의 101번째 도전 끝에 얻은 직장을 만날 수 있다.

 임원

면접은 통상 실무진 면접과 임원(최종) 면접이 있다. 실무진 면접은 당연히 실무에 대한 전문지식이나 같은 팀원으로서 요구되는 성품(팀워크, 상대에 대한 배려, 소통능력)을 보는 것이라면 임원 면접은 조금 다르다. 임원 면접 때는 이미 평가가 되어 있어 혹시 다른 면을 발견한 임원의 의견이 반영되어 평가에 당락을 결정하는 과정이다. 대부분 크게 달라지지 않을 것 같지만, 꼭 그렇지도 않다.

고위 임원들은 자신이 살아온 삶의 지혜(최악의 경우 편견)를 반영하여 강한 반대나 찬성 의견을 내는 경우가 많다. 그럼 임원들은 어떤 부분을 주로 볼까? 시간이 흘러도 변하지 않는 공통적인 면은 당나라 때 관리 선발 기준인 신언서판(身言書判)이다. 우선 신체적 모습이다. 이는 바른 자세, 밝은 인상, 자신감이 넘치는 태도(body language), 침착한 시선 등으로 나타난다.

둘째, 조리 있고 간결한 언어 소통능력이다. 셋째가 서(書), 글 쓰는 능력이다. 과거에는 실제로 멋진 글을 쓰는 것(penmanship)도 매우 중요시했지만 지금은 면접 시에 검증할 수가 없다. 요즘 어릴 때부터 컴퓨터만 쓰다 보니 성인들도 글 쓰는 능력은 초등학생 수준인 것을 볼 때 나중에라도 아름답고 단정한 글을 쓸 수 있다면 큰 장점이 될 것이다.

판(判)은 지성인다운 논리력이다. 예를 들어 "한국사회가 닥친 여러 가지 문제점 중에서 가장 큰 문제점이 무엇인가? 그렇게 지적한 문제점이 문제 자체인가? 아니면 그로 인해 보이는 현상인가? 그리고 그 문제점의 원인이 무엇이라고 생각하는가? 그렇다면 해결 대안으로 무엇을 제시하는가?" 하는 질문에 답하는 것을 보면 지성인으로서(대졸자는 그 정의에 의해 이미 지성인이다.) 균형 잡힌 소양을 갖추고 있고 그것을 논리적으로 설명할 수 있는지 알 수 있다. 다시 한 번 결론을 말씀드리면 시대가 바뀌어도 업종이 달라도, 결국 인재상은 한 가지다. 좋은 품성을 갖춘 균형 잡힌 지성인이다.

5
연수생활
: 동상이몽, 고스펙 동기와 저스펙 당신

 팀원

대단한 스펙을 자랑하는 신입사원 동기들과 함께하는 연수생활, 벌써부터 겁이 나요.

 팀장

신입사원으로서 패기와 욕심이 있을 것이라고 생각한다. 그런데 막상 연수에 가 보면 대단한 스펙의 소유자는 다 거기에 모여 있는 것만 같은 생각에 좌절하는 신입사원들을 자주 본다. 회사에 합격한 것만으로 기뻐서 지나치고 있었던 한 가지 사실을 알려주겠다.

간단하게, 그대가 카페를 운영하는 사장이라고 해 보자. 그대는 아르바이트생을 뽑을 생각이다. 성실하고 시간을 잘 지키고 바리스타는 아니어도 커피를 좋아하는 사람을 찾고 있다. 당신의 카페에 어울릴 만한 이미지도 어느 정도 염두에 두고 있다. 전부터 일하고 있는 다소 까칠하지만 일은 똑 부러지게 하는 대니저와 부딪히지 않을 수더분한 사람이면 더없이 좋겠다. 참으로 다양한 아르바이트 지원자가 다녀갔지만 카페는 이미 정해 놓은 역할과 정해 놓은 모습의 아르바이트생을 찾고 있다. 어쭙잖게 바리스타가 되고 싶다고 말하는 사람도 아니고 커피 동아리 활동을 하는 마니아도 아니고 그저 수업 전후나 주말을 이용해서 아르바이트하고 싶다는 성실한 대학생이면 족하다.

즉, 어쩌면 회사는 이미 어느 부서에 당신을 발령낼 것인지는 면접을 볼 당시부터 정했을지도 모른다. 조금 더 생활해 보면 안다. 그동안 많은 회사에 지원하고도 그대가 발탁되지 못한 것은 능력이 없어서가 아니라 그 자리에 필요한 사람을 생각해 놓은 '상'이 있었기 때문이다. 그저 성실하고 아르바이트를 원하는 대학생이면 족한 카페 사장님처럼. 오히려 실력 있는 바리스타가 그 자리에 어울리지 않는다.

채용 시즌이 다가오면 중요한 사람을 뽑는 것이 아니라 당장 그 자리에서 일할 사람을 뽑는다. 때때로 부서를 통해 필요 인력의 수요를 받기도 한다. 그리고 그 부서의 실무진들이 직접 면접에 가담한다. 이때는 실력도 실력이지만 당장 일해야 하는 누군가가 우리 팀과 우리가 필요로 하는 그 자리에서 잘 견뎌낼 수 있는 잘 맞는 사람인지를 보기 마련이다. 이 때문에 그대가 그 험난하고 복잡했던 채용 과정을 거쳤던 것만으로도 지금은 당신만을 손꼽아 기다리는 어느 팀이 있다는 말이 된다. 동기들과 비교하지 마라. 제각각 어디선가 자신만의 삶을 구축해 온 것처럼 당신도 그러하다. 더구나 그대가 필요로 하는 어딘가에 지금 소속되지 않았는가?

그대가 굳이 지금 비교하지 않아도 정당하게 혹은 비정상적으로 평가받고 비교당해야 하는 순간은 안타깝게도 앞으로 너무나도 많을 것이다. 이제부터는 나와 내 동기는 같은 출발점에서 시작하는 거다. 앞으로 얼마나 자유롭게 그 상황을 즐기느냐에 따라 결과가 달라질 것이다. 연수생활에서 그대의 시간을 적극적으로 보내라. 네가 가진 성향과 태도에서 가장 적극적인 모습으로 말이다. 그것이면 충분하다. 의기소침해지지 말고 잠시 잠깐 돋보이는 순간에 일희일비하지 말기를. 조직에서의 생활은 짧을지라도 네 인생은 참으로 소중하고 길다.

 임원

인생은 끊임없는 평가의 연속이다. 기억은 못 하겠지만 태어난 그 순간부터 당신의 부모님께서는 매 순간 당신을 평가해 오고 있었다. 잘 생각해 보라. 당신도 어릴 때부터 만나는 그 누구를 매번 평가해 왔다. 부모님, 친척, 친구, 선생님…. 지금도 그대는 그러고 있고 앞으로도 그럴 것이다. 하물며 평가가 주요 목적 중의 하나인 연수생활에는 당연히 당신을 평가할 것이다.

그런데 갑자기 평생 처음 평가를 받는 것처럼 매번 긴장해서 피를 토하고 쓰러져야 하는가? 아니다. 이미 그대는 회사가 필요하다고 판단을 해서 입사를 한 상태이고 이제는 적성에 맞추어 어느 부서에 배치할 것인가가 중요한 순간이다. 결코 나쁜 상황이 아닌 정상적인 과정일 뿐이다. 평생을 걸쳐 평가가 삶의 일부라면 담담히 지속할 수 있게 대비해야 한다.

그럼 어떻게? 네 자신이 되어라(Be yourself). 결코 과장하거나 위축되지 말라. 항상 침착하게 최선을 다하되 너 자신의 진정한 모습을 잃지 마라. 타인은 물론 자신을 특히 객관적으로 보라. 이 순간에 집중하라. 그러나 항상 장기적으로 봐라. 만약 자신이 평가받는다는 것을 느끼는 순간 갑자기, 자신이 찌질해 보이고 자신이 없어지고 주변 사람들의 장점만을 보고 자기의 단점과 비교하는 것이 내면에서 일어나는 즉각적인 반응이라면?

그대여, 그대는 분명 문제가 있다. 자기 미움이 큰 사람들의 전형적인 반응인 것이다. 어떤 일이 일어나도 꼭 자신을 무시하고 미워하고 열등한 것만을 선택하는 매우 나쁜 관념이다. 직장에서만이 아니라 그대의 인생을 위해 반드시 고쳐야 한다. 자신을 사랑하는 것이 삶에서 가장 중요한 것이다. 직장생활도 삶의 중요한 일부이다. 예외가 있을 수 없다.

II
관계 맺기

나이 많은 신입으로 회사에는 저보다 어린 나이인데도 높은 직급의 사람도 있어요. 저는 그들을 존중하려고 하는데 마음처럼 쉽지 않아요. 그들도 저를 어려워하는 것 같고요.

6
첫 출근
: 당신을 기억하게 하는 그것, 인사

 팀원

상사가 출근한 것을 못 알아차려 인사하는 시기를 놓쳐 버린 경우 어떻게 해야 하나요? 연수할 때도 아는 사람이든 모르는 사람이든 인사는 기본이라고 했는데 저도 일하느라 상사가 출근하는 때에 맞춰 인사하는 것을 놓쳐 버렸어요. 찾아가서 인사하기도 그렇고, 예의 없는 신입사원 되는 건가요?

 팀장

참으로 사소하지만 매우 신경 쓰이는 상황이다. 너무 간단하지만 지나치고 가기에는 찜찜한 그런 거 아니겠는가? 사소하게는 눈만 마주치면 인사해야 하는지, 크게 인사할지 목례를 해야 할지 애매한 경우도 적지 않다. 인사를 해야 할 날은 무궁무진하게 많지만 예의 없는 신입사원으로 인식되지는 말아야 하겠으니 이렇게 해 보자.

상사가 출근하는 줄 몰라서, 인사할 시기를 놓쳤을 때 세련되게 인사하는 방법은 눈이 마주칠 때 웃어 주는 거다. 미소로 충분하다. 근데 희한한 게 웃으면서 목례가 절로 된다. 한번 해 보시라. 그리고 또 하나, 출근한 것을 알았을 때 자리로 가서 인사하는 거다. '팀장님, 안녕하세요.' 하고 말이다. '뭐 이렇게까지 인사할 필요 없다.' 하며 손사래 치더라도 은근히 기분 좋다. 왜냐하면 찾아오면서까지 하는 인사는 매우 오래 기억에 남기 때문이다. 그러니 찾아오는 인사를 하던 그대가 그렇게 하지 않을 때 비교치는 매우 극명해진다. 시작을 했으면 일단 계속 해 보자.

자신을 손쉽고 자연스럽게 기억시키는 방법 중에 인사만큼 좋은 것도 없다. 누가 상사인지, 우리 회사 사람이 맞는지 아닌지 모를 때도 그저 목례를 하는 게 좋다. 우리 회사를 찾아오는 손님이어도 나보다 나이가 어려도, 우리 회사에 속한 사람이겠거니 나보다 회사에 더 오래 있었던 사람이겠거니 하면 된다. 이도 저도 아니면 사람 대 사람에 대한 존중과 배려로 마주치면 인사는 당연한 거라는 생각에서라도 자연스럽게 목례를 하겠다는 마음으로 다녀 보자. 인사 안 해서 버릇없다는 소리는 안 들을 거다.

(주의) 팀장보다 먼저 퇴근하는 대리를 향해 '대리님, 안녕히 가세요. (솔 톤으로)'는 금물. 서로가 민망해지는 인사는 자제하자. 눈인사만으로도 충분하다.

 임원

인사를 자주 하고 많이 해서 손해 볼 일은 없다. 특히, 인사성 바른 직원은 임원들이 기억하기 가장 좋은 특성이다. 실수로 모르는 사람에게 하거나 두 번 해도 민망할 필요 없다. 누구나 좋아한다. 본인만 괜찮으면 된다. 그러나 그게 다가 아니다. 여러분은 거기서 멈추기에는 너무나 위대한 인물이다.

인사에 앞서 가장 중요한 것은 진심이 담긴 마음가짐이다. 마음속으로 존경하는 분에게 하는 인사는 전혀 어려움이 없을 것이다. 상사나 선배에게 하는 인사는 직장의 어른에게, 부모님, 집안 어른에게 하는 인사는 인생의 선배에게 하는 존중의 마음가짐인 것으로 너무나 당연하다. 인사는 윗사람에게만 한다고 생각하면 큰 실수이다. 동료는 물론 후배나 부하 직원, 식당 종업원, 택시 기사, 아파트 경비아저씨 등 주변의 모든 분에게도 똑같이 같은 마음으로 해야 하는 것이다.

수고하는 것에 대한 고마운 마음, 아늑하고 즐거운 분위기를 제공해 주는 것에 대한 감사의 마음, 그저 반가운 마음이라도 진심으로 하는 것이 가장 중요하다. 기다리지 말고 먼저 하면 더 좋다. 물론 가식으로 하는 인사도 안 하는 것 보다는 나을 수는 있지만 가식적으로 잘 보이기 위해 끊임없이 인사하는 것이 과연 자신 스스로 행복할까? 가식이 반복되면 어느 정도 자연스러워 보일 수 있을 지는 모르나 시간이 지날수록 자신을 해치는 독약임을 잊지 않기를 바란다.

7
밥 먹기
: 하루 중 1시간의 자유, 점심 즐기기

 팀원

점심은 어떻게 하나요? 매번 약속을 정하고 먹어야 하는 건가요?

 팀장

신입사원으로 출근하고 한 달은 점심 걱정을 할 필요가 없었을 거다. 굳이 약속을 잡지 않아도 팀 모임, 사수, 팀장, 부장, 인사부, CEO 등과의 점심 약속이 줄줄이 있다. 갓 선발한 신입사원을 마주하고 식사하는 자리는 그들에게도 일종의 예의이므로 당신을 만나보고자 하는 사람은 꽤 있다. 적어도 한 달은 별걱정 없었을 터다.

그렇게 공식적인 점심 약속이 사라진 이후에 생긴 고민일 것이다. 아직 친밀한 사이가 생기지 않은 지금, 마냥 동기들과 점심을 계속해야 하는 것인지 고만고만한 고민뿐인 동기들과의 점심시간이 이제 조금 이상하게 느껴질 때도 되었다. 사실 더 많이 지나면 점심을 거르고 학원을 가는 사람도 있고 도시락을 싸오기도 하고 과일주스로 다이어트를 계획할 수도 있다.

하지만 신입사원 당신에게 사수 외 다른 선배, 상사, 심지어 속한 팀을 넘어서 다른 팀 사람과 자연스럽게 친밀해질 수 있는 것도 점심만큼 좋은 시간이 없다. 가까운 사람부터 관계를 형성한다는 생각으로 옆자리, 앞자리 등에 앉은 선배들과 함께하는 것부터 시작한다. 선배들은 점심시간을 어떻게 보내는지 누구와 주로 함께하는지 물어보기도 하고 끼워 달라고도 하자. 상대 선배에게 너무 들이대는 느낌이 나지 않도록 부담스럽지 않을 만큼만. 대개의 선배는 후배와 같이 식사할 때 사 줄지언정, 각자 내자는 말을 잘 못한다. 그러면 선배가 밥을 사면 차를 사는 마음 정도는 어떨까? 아마 당신의 깊은 배려심 덕분에 다음 점심은 이미 예약이 되어있을 것이다.

 임원

습관의 강력한 힘은 누구나 잘 알고 있을 것이다. 직장생활이 5년이든 30년이든 누구나가 하루도 빠짐없이 점심을 먹을 것이다. 그렇다면 이것을 습관화의 하나로 100% 활용하는 것은 어떨까? 예를 들어 매주 수요일은 타 부서의 사람들과 점심을 하는 것이다. 월요일쯤 전화해서 약속을 잡거나 선배나 타 부서 상사급이면 자연스럽게 만나서 수요일 점심을 제안하는 것이다.

신입사원 입장에서 큰 부담을 가질 필요도 없을 것이다. 동료급이면 더치페이로 하면 되고 선배급이면 대개 기꺼이 사 주실 것이다. 상대편 입장에서는 그래 봤자 일 년에 한두 번이니 큰 부담은 아닐 것이다. 이렇게 일주일에 한 번 정도 꼭 다른 팀원이나 타 부서 사람들과 식사를 하면 몇 년이 지난 어느 틈엔가 회사의 돌아가는 사정도 제일 잘 알고, 직장생활과 사회생활의 꿀팁도 많이 얻을 수 있고 인맥도 탄탄히 형성되어 있는 자신을 발견할 수 있을 것이다.

운이 좋으면 인생의 멘토도 만나게 되는 수도 있을 것이다. 항상 적극적으로 계획하고 실천하라. 신입사원이라고 매일매일의 점심도 남이 정해주는 대로 수동적으로 혹은 되는 대로 하지 말고 주도적으로 관리하라.

8
사교적인 성격이 부러운 그대

 팀원

새로 만난 사람들과 쉽게 친해지는 사교적인 성격이 부러워요.

 팀장

 외향적인 성격이 사회생활에서 좀 더 빠르게 친밀해지는 경향은 있다. 그러나 외향적인 성격은 드러나는 모습에 의해 느껴지는 것이므로 당장은 빠르고 쉬워 보이나 깊이는 없을 수 있다. 그리고 사회생활의 현실은 안타깝게도 깊이 있는 관계가 그리 많지는 않다는 것이다. 그래도 그대는 깊이 있는 누군가를 만나는 데 '관계의 초점'을 두어라. 그런 사람은 오래 두어야 하고 당신도 그런 사람들에게 오래 두고 평가받아야 친밀해지는 사람이지 않은가. 하나 짚고 넘어갈 점은 당신의 내성적인 성격이 아니라 남과 비교하는 것 그 자체이다. 그건 당신의 가장 큰 단점이다.
 그대가 가장 취약하다고 생각하는 내성적인 성격이 다른 누군가에게는 가장 크게 다가오는 강점일 수 있다. 무엇보다 다소 내향적인 그대는 다른 사람의 말을 귀 기울여 듣는다(그럴 수밖에 없다). 말을 하는 사람은 당장 돋보일 수는 있어도 다른 의견을 들을 귀는 준비되어 있지 않을 수 있다. 듣는다는 게 생각만큼 쉽지 않다. 타고난 성격을 바꾸고자 할 때만큼이나 노력과 습관들이기를 통해 바꾸어야 하는 거다.

사회생활, 무엇보다 대내외적으로 관계를 맺고 살아가야 하는 현대인들에게 가장 중요시되는 활동 중의 하나가 소통이다. 말이 통해야 관계를 맺을 수 있고 관계를 맺어야 이해할 수 있다. 당신을 위로하기 위해서 하는 말이 아니다. 다른 이의 장점을 들여다보기 이전에 자신의 장점을 극대화해 보라는 거다. (그것은 타고난 것일수록 더욱 강점이 된다.) 할 수 없는 것을 바라보며 자책하지 말고 '할 수 있는 것에서 자신감을 높이라'는 말이다.

자신 안에서 풍겨 나오는 그 생각과 태도가 그대가 속한 조직에서도 드러나게 된다. 하나 더, 조직에서 친밀함은 (슬프게도) 이익관계에서 시작되는 때가 상당하다. 그 안에서 외향적인 성격이 일면 돋보일 수 있다. 쉽게 친밀해지고 쉽게 일을 시작할 수 있다. 하지만 그것 이상도 이하도 아니다. 그다음은 성격과 관계없이 업무 처리와 성실, 실력 등으로 경쟁해야 한다.

 임원

비사교적이라서, 내성적이라서, 남의 하는 말에 상처를 받는다, 거절하지 못한다, 미움받는 게 너무 두렵다 등은 같은 부류의 성격에 관한 고민이다. 자존감이 약하거나 (실상은 근거 없는) 열등감이 세거나 자기 미움이 세거나 하는 사람들에게 흔히 나타나는 현상이다. 더 문제는 자신은 늘 피해만 본다고 믿는 소위 '피해자 코스프레의 대가'라는 점이다. 이런 사람들일수록 마음으로 상대를 미워하며 1년 내내 주변 사람들에게 가해하고 있다는 것을 인지 못 한다. 결과적으로 주변 사람들을 항상 답답하고 불편하게 만들고 심적으로 괴롭힌다.

그런데 사람들은 사실 일 년 내내 변함없이 비사교적이거나 내성적이거나 하지는 않는다. 상황에 따라서, 대상에 따라서, 당시 마음가짐에 따라서 다른 모습이 될 수 있다. 결국, 누구를 대하거나 상황에 따라 나타나는 모습은 훈련이나 필요에 따라 보이는 모습이라서 그게 진짜 본연의 모습일 거로 생각할 필요도 없다. 현상 때문에 본질을 흐려서는 안 된다.

무엇보다 중요한 것은 자신의 중심이 어디에 있는가를 확인하는 게 더 중요하다. 천만 원짜리 수표가 구겨져서 더러워졌더라도 천만 원의 가치가 없어지는 게 아니다. 보이는 모습으로 자신의 가치가 바뀌는 것이 아니다. 사람이 보는 평가에 목숨을 거는 것도 문제이지만, 괜한 자기 미움이나 열등감으로 자신을 저평가하는 것은 더 큰 문제이다.

스스로에 대한 가치를 낮추지 말고 자존감을 가지는 게 중요하다. 사람은 대개 내가 갖지 못한 것을 더욱 높게 평가하는 경향이 있다. 결국, 사교적인 것이 객관적으로 절대적인 우수함은 아닌 것이다. 만약 유머러스하고 사교적인 사람이 모두 성공하는 거라면, 이 세상의 성공하는 사람은 모두 탤런트나 개그맨이 되어야 할 것이 아닌가?

9
어린 선배 vs 나이 많은 신입

 팀원

나이 많은 신입으로 회사에는 저보다 어린 나이인데도 높은 직급의 사람도 있어요. 저는 그들을 존중하려고 하는데 마음처럼 쉽지 않아요. 그들도 저를 어려워하는 것 같고요.

 팀장

솔직하게 얘기하자. 내가 쿨한 상사라도 나이 많은 신입이 달갑지는 않다. 하지만 그렇다고 그를 무시하거나 존중하지 않는다는 것은 아니다. 동갑내기 상사보다 나이 어린 상사가 당신을 대하기가 더욱 어려울 수 있다. 이전의 경력이나 경험을 내세우지 말고 주어진 일에 묵묵히 일하라. 그대는 이미 나이 많은 신입으로서 상대에게 상당한 부담을 안겨 주고 있는 게 사실임을 인정하고 가라. (부인하거나 감추려고 하지 말자. 그게 뭐 어떤가?) 나이 어린 상사의 상사됨을, 그대가 신입사원으로 이곳에 들어오기 전까지 그곳에서 해 온 그들의 업적을 인정해 주어야 한다.

  당신의 경력과 경험은 업무 중에 서서히 드러나게 되어 있다. 지난 날을 성실하게 살았다면 말이다. 그것만으로 상대는 충분히 당신을 깔보지도 얕볼 수도 없다. 그게 어쩌면 흔히 말하는 '아우라'일 수도 있고 '기품'일 수도 있다. 나이가 들어서도 늙지 않는 사람은 계속해서 도전하는 사람이라고 했다. '내가 이만큼이나 나이가 있는데, 이만큼이나 차이가 나는데'부터 시작하면 그대는 점점 뒤로 밀려난다.

  궁금할 때 묻고 더 많이 아는 사람에게 질문해야 한다. 당연한 이치다. 그런데 이때, '이것도 몰라요'라던가, '나이도 많으면서' 등의 눈초리와 말로 면박을 주는 사람이 있다면 그냥 친해지지 않으면 된다. 인격적이지 않은 사람과 관계에 너무 애쓰지 말기를 바란다. 억지로 그들과 친밀해지려고 애쓰자는 게 아니다. 자연스러운 흐름 속에 서로가 익숙해질 수 있는 시간을 벌어야 한다. 괜히 나이, 신입이라는 틀에 얽매여 고민하는 동안 얻고 배울 수 있는 것이 저만치 달아난다. 순수하게 신입사원으로 입사하고자 했던 당신의 첫 마음을 돌이켜 볼 필요도 있겠다.

 임원

  나이가 많아서 걱정할 점은 혹시 나이가 많다는 이유로 선발조차 되지 않는다는 점이다. 이미 채용이 됐다는 것은 자신의 가치를 검증받았다는 점에서 큰 문제는 결코 아니다. 만약 나이가 어린 상사를 대하는 경우라면 스스로 오버하거나 과장되게 행동하는 부분을 경계하는 것이 좋다. 상황을 쿨하게 인정하고 자연스럽게 행동하는 게 좋다.

잠깐 이 부분에서 하나 더 짚고 넘어가야 하는 것은 반대로 나이 많은 후임이 일을 제대로 못 할 때 나이 어린 상사의 태도다. 일을 못 하면 못 하는 대로 조언하고 바르게 갈 수 있는 방향으로 지시할 수도 있어야 한다. 나이 많은 그대는 일과 다르게 인생에서 조언해 줄 수 있는 인생 경험자로서 성숙하고 신뢰할 만한 신입사원의 역할도 할 수 있다. 그러면 나이 많은 것이 걱정 대상이 아니라 장점이 되는 것이다.

10
애교도 능력이다?

팀원

직장생활에서도 애교가 필요한가요? 직장생활에서는 능력 아닌가요?

팀장

이런 질문의 전제는 당신에게 '애교'가 없음을 방증하는 거다. 이럴 때는 '당신의 강점은 애교가 아니다.'라고 인정하고 가면 어떨까? 저마다의 강점이 있음을 인정해 주는 거다. 하지만 '애교'로 얼마나 길고 오래, 그것도 좋은 평가를 받으면서 가는지는 끝을 봐야 아는 것이다. 그대가 먼저 회사를 떠나 그 끝을 보지 못할 수도 있지만 한 가지 단언컨대, 그대가 좋아하는 리더들의 모습 중에 애교가 많아서 성공한 사람들이 있는지 찾아보아라.

하지만 아마 없을 거다. 그렇다면 그대는 그런 스타일로 일하는 사람이 아니다. 그런 모습으로 성공을 기대할 수 있는 사람이 아니다. 그대가 하기 어려운 것으로 애쓰지 마라. 그대가 할 수 없는 것으로 고민하지 말고 잘할 수 있는 강점을 돋보이게 하는 방법을 고민해라. 당신의 모습 그대로를 인정하고 그중에서도 강점을 제대로 평가해 주는 리더를 만나면 애교가 없어도 인정받을 수 있는 게 꽤 많다.

 임원

애교(愛嬌)의 의미가 무엇인가? 질문의 문맥상으로 나름 정의해 보면 애교는 그대가 여성이라면 그 여성성을 자연스럽게 쓰면서 타인의 마음의 장벽을 허물고 남성이라면 상대의 우월성을 충분히 인정하면서 친근함을 보여 소통을 더 잘할 수 있도록 하는 것을 의미하는 것이다. 그런 의미에서 애교는 당연히 잘 쓰면 유리한 것이고 능력의 일부가 될 수 있다.

왜냐하면 애교는 남을 잘 관찰해서 배려심을 갖고 물어보는 행동일 수도 있으니 이런 것을 잘 개발하면 타고난 장점이 되는 능력이긴 하다. 그러나 이것은 타고났거나 있는 그대로 해야 하지, 억지로 가식적으로 만들어 내서는 안 된다. 도리어 일을 그르치는 경우도 있게 된다.

본인 스스로 자신의 본질적 재능이 무엇인지 파악하는 것이 더 중요하다. 때로는 본질에서 비롯된 고유의 특성이 더 매력 있게 다가올 수도 있다. 즉, 깃털이 아닌 몸통에 집중하고 또 모든 사람을 만족하게 해야 한다는 생각도 버려야 한다

11
사람 보는 눈 키우기

 팀원

내가 좋아하는 리더가 다른 사람에게는 안 좋은 평가를 받아요. 저는 사람을 제대로 본 게 맞나요?

 팀장

그대가 사람을 잘 보는지 안 보는지 여부는 중요하지 않다. 중요한 것은 다수에게 인정을 받는 부하는 있어도 다수에게 인정을 받는 리더는 드물다. 그만큼 그 역할이 요구하는 모습과 능력이 크고 다르기 때문이다. 또한, 어떤 사람이든 모든 사람에게 좋은 평판을 가지고 있는 사람은 극히 드물다. 적을 만들거나 조직 내 분란을 일으키지 않았더라도 서로를 대하는 감정과 사람을 평하는 기준은 제각각이기 때문이다. 다소 예의가 없어도 자기 일을 칼같이 하는 사람을 어떤 이는 좋게 평할 수도 있고 또 다른 이는 예의가 없으면 일을 잘해도 가위표를 긋는 경우도 있는 것이다.

한 사람을 두고도 여러 사람의 평가는 다르다. 자신의 가치관과 태도에 비추어 상대를 평가하게 되기 때문이다. 하지만 부하 직원은 일만 잘해도 살아남을 수 있기 때문에 여러 사람에게 좋은 평가를 받는 것이 가능하다. 아직은 그에게 리더십, 사람을 다룰 만한 능력이 필요하지 않기 때문이다.

다수의 다른 사람들에게는 좋은 사람으로 평가되지 않지만 그대는 좋은 평가를 주고 싶은 리더가 있다면 그 모습은 당신의 미래 모습일 수도 있다. 정말로 희망적인 사실 한 가지는, 그대는 앞서 간 그 리더의 부족한 부분을 채워가기만 하면 된다는 것이다. '청출어람'은 이럴 때 쓰는 말이다.

 임원

그대는 좋은데 다른 사람들은 싫어하는 리더이다? 왜 그럴까? 다시 한 번 객관화해서 잘 보자. 보신주의(안일주의)에 빠져 안주하는(Comfort Zone) 상사가 아닐까? 흔히 이런 상사는 부하들이 좋은 평가를 준다. 편하니까. 그런데 이런 조직, 이런 분위기는 금방 썩는다.

혹은 부하 직원과 야합하는 상사는 아닌가? 회사의 추진 사항을 그저 전달만 하는 소위 메신저 보이(Messenger Boy) 유형의 상사도 힘들어하는 부하 직원들의 공감을 받는다고 생각해서 인기가 높다. '실은 나도 하기 싫은데 위에서 하라고 하니까' 이런 비겁한 상사가 있는 부서는 당연히 성과도 엉망이고 나의 성장에 전혀 도움이 되지 않는다.

반대로 부서의 어려운 상황을 바꾸려고 하는 상사인 경우일 수도 있다. 본받을 만한 사람이고 개혁을 하려는 좋은 사람인데 나쁜 평가를 받는 리더라면 지금까지 잘 지내왔는데 괜히 피곤하게 한다고 미움을 받을 수 있다. 그렇다면 그대는 사람을 제대로 본 것이 맞다. 많은 경우에 의도와 결과가 큰 차이가 있다. 따라서 양쪽을 다 보는 것이 객관화에 도움이 될 것이다. 특히 직장에서는 아무리 의도가 좋아도 기획, 추진, 리더십이 약해 의도한 결과를 못 내는 경우가 매우 많다. 이때 그 리더는 좋은 사람인가, 나쁜 사람인가? 사실 질문이 잘못되었다. 좋은 리더는 미움받는 사람이어야 할 때가 많다. 리더는 인기로 평가되는 것이 아니다.

또 자신도 많은 사람이 나를 좋아하면 좋겠다는 생각을 할 필요가 없다. 직장생활은 이익단체다. 이익단체에서는 일의 성과가 있어야 하는 집단이다. 이익집단의 특성상 주변 모두가 나를 좋아하게 할 수도 없고 좋아하지 않아도 된다. 존경하게 하는 게 더 중요하다. '까칠해도 일은 잘한다', '대하기 어려워도 일단 일을 맡기면 확실하게 해낸다'의 경우가 그렇다. 회사 사람은 가족이 아니다. 망각하지 마라. 가족 같은 조직? 잘못하면 쉽게 썩기 쉬운 매우 위험한 조직이다. 친해지면 'no' 하기 힘들어진다. '남들이 나를 좋아하는가'보다는 '내가 과연 남에게 존경받고 있는가'를 자문해 보라. 한 가지 더 질문. 그대는 좋은 리더에 걸맞은 좋은 팔로어(Follower)인가?

12
사랑받는 사람

 팀원

사랑받는 사람이 되고 싶어요. 어떻게 하면 되나요?

 팀장

이 질문에 대한 대답은 질문자의 의도와 상관없이 명백한 진리가 있다. 진심으로 다가가는 수밖에 없다. 그리고 또 하나는 '사랑받기 위해 애쓰는 순간', 사랑은 떠난다. 그 모습이 보이기 시작하면 위선과 가식이 되기 때문이다. 누구, 어떤 상대를 두고 애쓰지 말고 그냥 내버려 두라. 진정성이 드러나기까지는 상당한 시간이 걸린다. 자신은 정말 진정성으로 다가가고 있는데 가식이라고 폄하하는 사람들이 있다면 그 역시 내버려 두어라.

이럴 때는 이렇게, 저럴 때는 저렇게 해야지 하고 행동을 계획에 따라 하기 위해 애쓰지 마라. 진실한 관계를 맺기까지는 시간이 오래 걸린다. 그렇게 받게 된 사랑이 오래간다. 계획하지 않고 이익관계를 따지지 않고 사람 대 사람으로 대하는 관계, 단순하게 행동할수록 그 사랑의 정도는 쌓여 간다. 한결같다는 말이 그럴 때 나온다. 물론 좋은 사람을 대할 때는 진심이 그냥 흘러나오지만 나쁜 사람(?)이라고 판단되는 사람에게는 그 진심이 흘러나오지 않을 수 있다.

그럴 때는 그의 장점을 떠올려 보는 게 필요하다. 아이가 사랑을 받는 데는 그 또래에게 맞는 귀여움을 떠나 솔직하고 단순함이 사랑스러움이 되기 때문이다. 적대감을 갖지 않는 관계, 진심을 다하는 태도가 상대의 좋고 나쁨을 떠나서 자신의 사랑스러움을 발현시켜 줄 수 있는 모습이다.

 임원

질문이 틀렸다. 잘못된 생각이다. 직장은 사랑받기 위해서 다니는 것이 아니다. 사랑이 물론 중요하다. 삶에 있어 자신을 사랑하면 사랑이 찾아온다. 직장생활에서 어울리고 친밀해지는 것은 좋으나 그 상태, 그 감정이 사랑이라고 착각하지 마라.

회사라는 것은 '나를 사랑해 주거나', '내가 무서워하거나' 할 대상이 아니다. 어른들이 모여 있는 곳이다. 어른이라 함은 달라고 요구만 하는 것이 아니라 '줄 수 있는 사람'이라는 것이다. 직장은 가치를 창출하고 도움을 주어야 하는 곳이다.

이런 곳에서 사랑을 받고 싶다는 생각은 난센스다. 직장은 '프로페셔널한 곳'이어야 하고 자신을 사랑하고 독립적이면서 베풀 수 있는 곳, 즉 어른들이 가치를 창출하는 조직이라는 것을 한시도 잊어서는 안 된다. 그동안 받은 사랑을 돌아보면서 스스로 어른이 되는 연습, 즉 사랑을 나누어 줄 수 있는 어른이 되어라.

13
사내 네트워킹

 팀원

네트워킹은 누구랑 어떻게 하는 건가요? 사람들과 어떻게 친해지나요?

 팀장

신입사원인 그대가 한 조직에서 익숙한 사람이 되기까지는 생각보다 오랜 시간이 걸리지 않는다. 작은 기업일수록 그 사실은 더욱 명백하다. 대기업일수록 그 팀과 부서가 세분화되어 있기 때문에 그 안에서 친밀감은 오히려 자연스러운 수순이다. 그런데 고민은 여기서 시작된 것이 아닐 거라고 생각한다. 이미 친밀감을 형성한 기존 조직원, 구성원들 사이에 새로운 인물인 그대가 겪을 어색함은 짐작이 간다.

이럴 때는 당신과 함께 발령이 난 혹은 얼마 전에 그 부서로 옮겨 온 기존 조직원에 먼저 다가가는 것이 좋다. 그다음으로는 당신에게 업무를 가르쳐 주는 사수와 함께하는 거다. 이것은 현실적인 방법이다. 그런데 어느 경우든 자신과 맞지 않는 사람일 수 있다. 처음부터 그 원인을 파악하기 전까지는 겪어 봐야 안다. 처음부터 어떻게 이런 사실을 알 수 있을까? 신입사원에게 조직원 한 사람 한 사람의 성격과 성향을 말해 주는 사람이 있을 리 만무하다. 이렇게 된다면 벌써 친해진 거다. 고민할 필요도 없다.

하지만 언제나 염두에 두어야 할 사실은 인위적인 관계는 오래가지 못한다. 친한 사람 없으니 외로울 것 같다(?)라는 생각에 어영부영 억지로 관계를 형성하려고 애쓰지 말라는 말이다. 시간이 해결해 줄 일이다. 하루에 최소 8시간 이상을 보내는 이들과 친해지지 않으려야 않을 수 없다. (그래서 강력한 호불호도 생기는 거지만.) 자연스러움에 자신을 두어라. 하얀 스케치북에 그림을 그리듯이 무엇보다 순수하게 일하자. 누가 그렇다더라, 저건 그래서 그렇다더라 하는 '카더라 통신'에 귀 기울이지 말고 주어진 당신의 몫에 열심을 기울여라. 그 열심만으로도 신입사원을 향한 친밀도는 높아진다. 상대가 제대로 된 사람이라면 그런 사람을 만나고 싶은 거 아니겠는가?

 임원

속한 그룹, 속한 동기 내에서 자주 모임을 해라. 취미 모임에 가입하는 것도 좋은 방법이다. 직급이랑 무관하게 오피니언 리더를 찾아내는 것도 한 방법이다. 신입사원이 네트워킹이 필요할 거라는 데 별로 큰 의미가 있지 않다고 생각한다. 신입사원이 다른 부서, 다른 사람에게 일어나는 일이 무슨 의미가 있는가? 지금 당장 닥친 일과 보고, 업무 익히기가 더 시급하다. 지금 당장 긍금한 이 네트워킹이 얼마간의 시간이 흐른 후에는 별 의미도, 큰 중요성도 없는 일임을 알게 될 거다. 큰 노력이 들지 않는 네트워킹은 15번 질문대로 점심시간을 활용하고 그 외에는 현재 주어진 자신의 업무에 집중하는 편이 옳다.

14
첫인상 관리

 팀원

사람들은 첫인상이 중요하다고 합니다. 그런데 저는 그 생각 때문에 행동 하나하나가 너무 조심스럽습니다. 어디까지 행동하고 삼가야 하나요?

 팀장

그렇다, 첫인상은 중요해야 한다. 그러나 첫인상은 근무 첫날, 맨 처음의 외적인 모습만을 두고 말하는 게 아니다. 그 사람의 말투, 이미지, 업무 태도, 사고방식 등을 두고 하는 말이기도 하다. 외적인 모습을 통해 생긴 첫인상에 대한 긍정적이지 않은 평가와 시선은 의외로 해결하기 쉽다. 어떤 사람에게는 좋은 것이, 다른 사람에게는 나쁜 것일 수 있다는 말이다. 이 때문에 겉으로 보이는 모습에서 얻어진 인상은 바뀌기 쉽다.

오히려 그것이 좋은 인상이었을 때가 기대치에 따른 위험이 크다. 하지만 당신과 관계하는 조직 구성원이 좋아하거나 싫어하는 이미지까지 관리하여 자신을 제어하는 것은 불가능하다. 대신, 그대가 신경 써야 하는 첫인상은 업무를 대하는 태도, 말하는 방식에 더욱 중점을 두어야 한다. 이 부분은 매우 보편타당하게 정형화된 좋은 모습이 있기 때문이다. '똑똑해 보이는데 멍청하다, 어설퍼 보이는데 똑똑하다', 무엇이 나은가?

처음 시작점에서의 평판이 오래간다. 그래서 첫인상이 중요하다는 거다. 관계를 해 나가는 동안 고쳐 나갈 수 있거나 바뀔 수 있는 반전매력을 가진 그대라면 첫인상에 연연해 할 필요 없다. 게다가 회사는 몇 번의 만남으로 사귈지 말지를 고민해야 할 정도의 기회가 작은 곳이 아니라는 점, 하루 이틀 일하고 그만둘 곳이 아니라는 점을 잊지 말아야 한다.

 임원

직장생활은 단거리 경주가 아니다. 장거리 마라톤이다. 첫인상은 말 그대로 처음이 끝이다. 그 이상도 이하도 아니다. 이왕이면 다홍치마라고 첫인상이 좋아서 나쁠 건 없다. 예의 바른 태도로 인사하고 웃는 얼굴이면 좋은 첫인상을 주기에 족하다. 설사 좋은 인상을 주지 못했다고 하더라도 첫인상을 바꿀 기회는 구궁무진하다. 만회할 기회는 퇴직 시까지 반복적으로, 거의 무한대로 주어질 터이니 첫인상을 걱정할 것이 아니라 마지막 인상을 위해 노력할 지어다.

15
좋은 멘토 찾는 법
: 마음 맞는 리더 찾기

 팀원

일을 하다 보면 옆자리 동료, 앞에 앉은 대리, 팀장님께 털어놓기는 힘들지만 조언을 구하고 싶은 부분이 많을 때가 참 많습니다. 작은 고민이었는데 괜스레 소문나는 것도 무섭고 조직에서 좋은 멘토를 찾는 방법은 어떤 것이 있나요?

 팀장

멘토를 발견하고 싶은 당신의 목적을 곰곰이 생각해 볼 필요가 있다. 당신과 같은 신입사원이 아니더라도 지금 당신에게는 '나의 얘기'를 들어줄 누군가가 필요한 것이라는 거다. 그러나 그대가 속한 조직에서 좋은 멘토를 찾기란 참 어려울 것이다. 그래도 당신의 고민에 마음을 기울여 줄 멘토를 찾고 싶다면 많은 사람을 만나야 한다. 조직에 속한 누군가가 좋다고 평가하는 사람이 당신에게는 좋은 사람이 아닐 수 있기 때문이다.

그대와 통하는 사람을 찾으려면(통하지 않는 사람을 가려내려면) 어떻게 해야 할까? 만나 봐야 한다. 맛집을 찾아 블로그만 들여다보는 것이 아니라 그곳을 찾아가서 맛을 봐야 하는 것처럼, 만나 보자. 정말 다행스럽게도 그대는 신입사원인지라 누구나 편하게 대할 수 있는 상대이다(상대가 생각보다 쉽게 속내를 보일 것이다. 그 사람의 진짜 속마음보다 조직에 대한 속마음을 쉽게 보일 요량이 크다). 당신에게 상사는 어렵지만 상사에게 신입사원은 좀 편한 상대라는 점을 기억해라.

의외로 먼저 다가와 밥 사달라는 후배가 그리 많지 않다. 이렇게 귀여운 상대가 어디 있겠는가? 느리지만 가장 정확한 방법이다. 마음이 급할수록 돌아가고 정도를 걸어야 한다. 진짜 멘토를 만나야 하지 않겠는가? 밥을 먹으라는 데는 많은 의미가 있다. 우선 점심을 먹는 1시간 동안은 온전히 함께 하는 시간이다. 식당을 정할 때부터 식사를 하는 동안 상대의 취향과 습관이 고스란히 드러난다.

어떤 생각을 하고 있는지, 가벼운 거리로 대화할 준비는 한두 가지쯤은 하고 가야 한다. (대신 한두 번의 만남으로 상대를 속단하지는 마라.) 꾸준히 요청해라. 멘토가 될 만한 '급'의 사람들과 함께할 수 있는 가장 쉬운 수단인 점심을 놓치지 마라. 그대가 회사에서 찾고 싶었던 멘토는 당신의 이야기를 들어 줄 리더다. 고민하는 당신에게 좋은 리더를 구별하는 몇 가지 기준을 제시한다.

사람을 잘 부리고 잘 키운다.
작은 것에 연연하지 않고 투자에 관대하다.

비전을 제시하고 행동으로 모범을 보인다.

부하의 개인적 고충도 배려한다.

작은 실수는 용서해도 거짓말은 용서하지 않는다.

윗사람을 존중하기에 잘 다룬다.

리더 이전에 훌륭한 Follower이다.

칭찬이건 비평이건 객관적이다.

정의롭게 분노할 때 무섭다.

반대 의견을 환영한다(꼭 받아들이지는 않지만).

직위, 나이를 막론하고 누구나 존중한다.

자기가 하기 싫은 것은 부하에게도 시키지 않는다.

한두 가지가 속하는 리더도 있고 이 중에서 다수의 항목을 포함하고 있을 수도 있다. 이제 감이 좀 오는가? 당신 주변에 이 항목들에 모두 고개를 끄덕일 만한 존재가 있다면 '그대가 원했던 사내 멘토'에 가까운 사람이 아닐까 싶다.

 임원

살면서 도움이 필요한 경우는 누구에게나 있다. 특히 삶의 방향이나 직장에서의 처신, 미래의 설계 등 인생의 중요한 순간에 주변에 현명한 멘토가 있다면 참으로 좋을 것이다. 그럼 이상적인 멘토란 어떤 사람일까? 분명 인공지능(AI)은 아닐 것이다.

우선 마음이 끌리고 편안한 사람, 즉 상호 호감을 느끼고 소위 '케

미(chemistry)'가 통하는 사람이다. 또 어떤 한 분야에 있어서 높은 경지에 도달한 사람. 즉, 성취를 통해 검증된 사람이다. 그리고 무엇보다도 도덕성, 인격적으로 훌륭한 사람이어야 한다. 이 부분에서 확신이 없으면 애당초 만날 필요도 없다.

그리고 지금의 상태가 이해의 충돌(Conflict of Interest)이 없어야 한다. 예를 들어 자신의 인사에 영향을 끼칠 수 있거나 자신이 그분을 위해서 중요한 무엇인가를 해 줄 수 있는 위치에 있다든가 하면 적합하지 않다. 이런 사람이 주변에 있는가? 멘토는 꼭 사내에서 찾을 필요는 없다. 사내에서 찾으면 편견이나 선입관(先入觀)이 개입될 수 있다. 멘토는 친구, 부모, 선배일 수도 있다.

16
그와 그녀는 같다? (사내 연애)

 팀원

입사 동기와 연인이 되었어요. 어린 나이는 아니라서 진지하게 만나면서 미래까지 생각하는 사이인데 공개하고 싶지는 않아요. 사내 연애를 거쳐 결혼에 골인한 선배들의 진지한 답을 구하고 싶어요.

 팀장

함께하는 시간이 많은 동료와 연인이 된다는 것은 참으로 자연스러운 일이면서도 어려운 일이다. 자연스러움은 함께하는 활동 시간 대비, 연인이 될 수 있는 최적의 시간과 장소라는 점이다. (어쩌면 속한 조직이 힘들면 힘들수록 공감대를 형성할 수 있는 또래의 동료는 연인으로 발전할 가능성이 꽤 크다.) 우선, 당신의 가치관, 목표처럼 서로 만나 맞춰가기 힘든 부분들에서도 지금의 직장을 선택한 행위와 같이 애초에 처음부터 공감대를 가지고 있을 수 있기 때문이다. (인연은 멀리 있지 않다는 말도 여기서 시작된다.)

사실 가장 비겁한 일이 내 일도 아니면서 남의 일을 갖고 왈가왈부하는 것이다. 그중에서도 남의 연애사는 참으로 쉽고 가볍게 오르내리는 주제가 되기 십상이다. 이들의 입을 막을 수 없다면 스스로 조심하고 대비하는 수밖에 없다. 특히 일반적인 연애사도 공공연하게 가벼운 가십의 주제가 되는데 너도 알고 나도 아는 '김 대리와 박 대리'의 연애사를 어찌 지나칠 수 있겠는가. 연애사는 둘만의 고민과 관심만으로도 그 시간이 벅차다. 남의 시선, 일까지 신경 쓰면서 그 시간을 보내는 게 너무 아깝다. 그래서 처음 시작과 끝이 언제나 비공개이기를 권유한다.

 임원

미혼의 남녀끼리의 정상적인 사귐은 굳이 사내이건 사외이건 본인의 선택일 뿐이다. 사내 연애는 새로운 종류의 스트레스를 줄 수 있다. 기본적으로 감정을 동반하는 인간관계는 어쩔 수 없이 불필요한 질투를 유발하거나 자신도 헤어나오기 어려운 상황을 유발하기도 한다. 그러나 그런 모든 것을 감수하고라도 좋아한다면 자신의 마음을 따르라.

17
이미지 메이킹
: 약한/ 강한/ 순한 이미지 만들기

 팀원

사람마다 제각각의 모습이 있고 이미지가 있는데 친근하고 부드러운 이미지로 어필하려면 어떻게 하면 되는 건가요?

 팀장

친절하고 유들유들해 보이는 사람이 있는가 하면 빈틈없고 차가워 보이는 사람도 있다. 완벽하고 철저하게 보이는 만큼 다가가기 힘들고 유순해 보이는 만큼 다가가기 쉬울 수 있다. 어설퍼 보이는 사람이 있고 똑 부러지는 사람이 있다. 모두 다 '보이는' 이미지이다. 그런데… 실제로 그럴 수도 있다. 경험해 보지 않고 상대를 평가하기 딱 좋은 게 이미지다. '겪어 보면 다른 사람', '겉보기와 다르다'라는 말이 왜 있겠는가.

그리고 중요한 한 가지, 겉보기에 좋다고 생각되는 게 때때로 답이 아닐 수 있다. 착하고 부드러운 모습이 최고인 것처럼 보여도 강하고 냉철한 모습이 필요할 때도 있는 거다. 시기에 따라 필요한 이미지가 있을 수는 있지만 그에 맞추어 자신의 모습을 색깔 바꾸듯이 바꿀 수도 없다.

'누가 뭐라 해도 괜찮은' 만인의 연인 같은 모습을 조직에서 꿈꾸지 마라. 99인이 좋다 해도 1인이 싫다 하면 그 1인에게는 지독히 싫은 사람일 수 있는 게 관계고 삶이다. 그렇다고 그 1인으로 그대가 좌절될 필요도 99인으로 우쭐해질 필요도 없다. 그대가 어디에 서 있는지 무엇으로 평가받아야 하는지 우선순위를 명확히 세운 상태라면 어느 것에도 흔들릴 이유가 없다. 그대가 고민해야 할 것은 이미지가 아니다.

가만히 생각해 보면 이미지로 적을 만들지 않는다. 조직의 생활이 간단하지 않은 것은 싫다고 안 볼 수 있는 사이가 아니기 때문이다. 적을 만드는 사이가 많을수록 조직생활이 어렵다. 겪어 봐야 안다. 생각보다 나쁜지 생각만큼 좋은지를 말이다.

회사에서는 처음에는 이미지로 얘기되다가 시간이 지나면 일로써, 일을 대하는 태도로 평가받고 거론된다. 허구한 날 '이미지'로 평가하고 있다면 제대로 된 요소로 평가할 생각이 없는 그 조직은 일찌감치 그만두고 나와야 한다.

 임원

친근하고 부드러운 이미지로 어필하고 싶은 이유가 무엇인가? 약하고, 강하고, 순한 그 어떤 것도 제일 좋다고 할 수 없다. 조직에 도움이 되는 것은 일관성 있는 나의 내면과 일치되는 진정한 이미지가 중요하다.

우리 인간은 만물의 영장(萬物의靈長)이다. 즉, 우리 속에는 파충류의 강인한 생명력부터 야수의 살기, 토끼의 두려움까지 지구상의 모든 이미지를 다 가지고 있고 필요할 때마다 꺼내 쓰면 된다. 그리고 평소에는 그중에 가장 자신의 원형(原形)과 유사한 이미지로 살면 된다. 어떤 이미지가 됐든 나와 일치해야 한다. 사자는 사자다워야 멋있고 토끼는 토끼다워야 귀엽고 보기 좋다. 남이 자기 원형대로 사는 것이 자연스럽고 좋아 보인다고 굳이 내가 아닌 내가 되려고 노력하고 가식을 떨 필요가 없다. 'Stay true to yourself!'

III
업무 배우기

실수를 연발하는 내 모습에 너무 화가 납니다. 게다가 저는 대고객 업무를 하고 있어서 실수를 하면 그에 대한 여파가 너무 큽니다. 그래서 정말 부담이 되는 것도 사실입니다. 다른 부서로 가고 싶어요. 의욕이 점점 떨어집니다.

18
일을 풀지 않는 사수를 만났을 때

 팀원

사수가 해야 할 전체 업무를 가르쳐 주지 않고 필요한 때에 조금씩 알려 주고 있어서 놓치는 일이 생길까 봐 걱정돼요.

 팀장

네 동기 중에는 이미 일을 시작한 사람도 있고 어떤 이는 복사만 하는 사람도 있고 또 어떤 사람은 점심시간만을 손꼽아 기다리며 시간을 보내는 사람도 있다. 그런 면에서 진취적인 네 모습에 우선 칭찬 한 번 받고 가자. 잘하고 있다. 신입사원으로서만이 아니라 조직에 속한 직장인으로서, 월급을 받는 사람으로서 네 생각은 바람직하다. 일을 해내겠다는 의지가 보인다. 좀 더 생활해 보면 일을 하는 것은 고사하고 그 의지조차 없는 사람도 있다는 걸 발견하게 될 수도 있다. 그러나 놓치는 일에 대해서는 아직은 고민할 때가 아니다. 온전히 업무를 넘겨주지 않은 사수가 그 공백을 메우고 있을 거다.

  놓치는 일이 생길 것에 대한 두려움을 잠시 내려 두고 사수를 분석해 보자. '왜 일이 많다.' 하면서도 넘겨줄 생각을 하지 않는가? 선한 사수와 악한 사수로 구분해 생각해 보자.

  선한 사수는 네가 생각한 것보다 매우 바쁘다. 당신에게 일을 맡겨서 처리하기보다는 스스로 그 일을 하는 것이 더 빠르다고 생각한다. 일을 가르쳐 줄 만한 여유가 없다. 함께 하고 싶은데 일을 나누어 주는 방법을 모른다. 또 그대가 미덥잖다. 그렇다면 악한 사수는 바쁘면서도 그 일을 넘겨주고 싶지 않다. 이 일로 인정받게 된 부분이 많다. 이 일의 공은 모두 내 것이고 싶다. 너무 힘들게 일을 배운 터라 쉽게 가르쳐 주고 싶지 않다. 어떻게 행동하는지에 따라 일을 가르쳐 줄지 말지 고민하고 있다. 결국, 그대가 미덥잖다.

  앞으로 그대가 해 나갈 그 업무는 매우 바쁘다. 한 명이 하기에는 벅찬 일이기에 신입사원이 추가로 배치된 거다. 아직 당신의 사수가 선한 쪽인지, 악한 쪽인지 그 속사정까지 파악하지 못했더라도 결국은 아직 당신의 사수에게 믿음을 주는 정도가 아니라는 것만은 확실하다. 일을 나누어 줄 줄 몰라서 못 주는 것이든 주기 싫어서 안 주는 것이든. 그러면 스스로 공부하는 방법으로 어느 쪽의 사수이든 가르쳐 주지 않고는 배길 수 없는 상황을 만들어야 한다. 그것도 정당하게. 사수가 무심히 던져 준 관련 업무의 규정을 살피고 계획(안)을 돌아보고 업무와 관련된 용어를 정리해 두어야 한다.

  그리고 스스로 공부하면서 몰랐던 부분은 질군 노트를 만들어야 한다. 사수가 시간이 날 때마다 잽싸게 질문해야 한다. 날카롭고 예리한 질문을 할 때마다 사수는 당신을 달리 생각하게 된다. (미더운 사람이라고 생각할 수도 있고 자신보다 잘할 것 같으면 더더욱 넘겨주고 싶어 하지 않을 수 있다.) 그래서 스스로 전문가가 되는 쪽을 택할 것을 권한다. 꽤 깊이가 있는 전문가가 아니라 일을 넘겨받을 수 있는 정도의 개념은 익혀 두어라. 불평하지 말고 공부해라!

일의 순서를 보고 용어를 익히고 질문하고 또 익힌다. 계속 공부한다. 다시 질문한다. 나누어 주고 싶은데 분배할 줄 몰랐던 사수에게 그 부분을 해 보겠노라고 말할 수 있는 배포도 생길 것이다. 공을 넘기고 싶지 않은 사수를 위한 도움을 주는 것도 좋다. 미더운 사람이 되는 게 첫 번째 목표인 거다. 일을 넘겨받지 못해서 이리저리 고민하면서 익힌 업무가 생각보다 꽤 애착이 오래간다. 다만, 일을 어렵게 배웠다고 해서 당신도 후에 악한 사수가 되지 않기를 바란다. 그러고 보면 그대는 꽤 좋은 자리에 발령을 받았다.

 임원

그대가 그런 걱정을 하는 것은 굿 뉴스로 들린다. 왜냐하면, 상식적으로 생각해 보아도 조직이 숨 가쁘고 바쁘게 돌아가는 데에도 불구하고 일을 빨리 안 가르쳐주는 사수는 없을 것이다. 우선 숨 가쁘게 몰아치는 업무 환경이 아니라는 것은 그 조직이 잘 돌아가고 있으며 인력자원 면에서 어느 정도 여유(slack)가 있다는 의미다. 사수도 나름대로 계획을 갖고 소화할 수 있는 만큼 일을 주는 것 같다. 괜히 불안해하지 말고 매뉴얼을 보고 기존의 업무 관련 공문을 숙독하는 등 여유 있는 환경을 십분 활용하면 좋겠다.

19
일을 받는 방법

 팀원

어떻게 해야 일을 잘 배울 수 있고 받을 수 있나요?

 팀장

어떤 상사는 신입사원에게 스펙만 보고 지레 큰일을 맡겨 보기도 하고 일찍 오거나 나름의 자기 주관이 있거나 등의 이유로 이전에 신입사원이라면 누구나 해냈을 일을 넘겨주기도 한다. 그 이상의 일을 맡기는 경우는 정말 바쁘거나 역설적이게도 너를 정말 잘 봤기 때문일 수 있다.

짐작이 되는가, 아무리 이상한 상사라도 보통은 일을 맡겼을 때 진행될 만한 사람에게 일을 맡긴다. 그대가 준비되어 있는 만큼 일이 주어진다. 애석하게도 그냥 자기 마음에 들면 일을 주기도 하겠지만 자신도 해결하기 어려운 일을 넘겨주는 상사는 정말 나쁘다. 대신 그게 당신을 평가하는 시간일 수도 있다(이치가 통하지 않는 상사도 있으니 그런 경우는 잠시 예외로 하고 일반적인 경우를 돌아보도록 하자). 기분 나빠도 참아라. 거기에 반항할 힘이 아직까지는 당신에게 없다.

그렇다면 준비가 되어 있다는 모습을 어떻게 보여 줄 것인가? 일할 준비가 되어 있다는 인상은 당신의 상사 스타일에 따라 천차만별일 수 있지만 보편적인 방법으로 '눈에 띄고 기억에 남으면' 된다. 다음의 방법은 어떨까?

> 일찍 출근한다.
> : 꼭 일찍 출근하는 것이 실력과 비례하지는 않지만.
>
> 야근할 일이 없어도 사수가 남을 때 같이 남아 일한다.
> : 많은 시일이 걸리지 않는다.
>
> 사수가 하고 있는 일에 대한 질문을 한다.
> : 가르쳐 주기 전에 일을 먼저 익혀 두어라.
>
> 졸릴 오후 시간에 믹스 커피라도 한 잔씩 돌려라.
> : 과장스럽지 않게, 진심을 다해.

기다림을 지루해하지 말고 이것저것 해 보라는 거다. 사소하고 싫지만 누군가는 꼭 해야 하는 일거리가 없는지 찾아서 해라. 사수의 눈에 들지 않으면 상사의 눈에라도 들 필요가 있다. 신기하게도 다른 부서에도 알아본다. 그 신입사원은 무슨 일을 하느냐고 되물어보는 사람이 생기면 큰 성공이다. 그래도 일이 주어지지 않으면 과장, 팀장, 부장 순으로 찾아가 고충을 말해야 한다. 그것도 매우 당당하게! 자신 있게 말할 수 있는 근거도 스스로 만들어 두어야 한다

당연스럽게 받아야 할 일도 이렇게 나만 어려운 거냐고 투정하지 마라. 당신, 몇 달 전만 해도 어디든 취업하기를 간절히 바라던 불과 한 달 전에는 이 회사에 충성을 다할 것이라고 맹세했던 취업 준비생이었으니까.

하나 더, 아직 당신에게 업무를 고를 기회는 주어지지 않을 거다. 어쩌면 당신이 속한 부서에서 가장 귀찮고 하기 싫고 해도 티가 안 나지만 '해야만 하는 일', 그게 당신의 일이 될 가능성이 높다. 맡겨진 일을 열심히 그저, 묵묵히 해내야 한다. 지금의 불편한 마음도 시간이 지날수록 점차 알게 될 거다. 일을 하지 않고 월급을 받아간다는 게 얼마나 뒤통수 따가운 일인지, 그게 좋은 일이 아니다. 동기는 야근하고 밤을 지새우고 피곤에 시달리는데 매일매일 할 일 없이 앉아 있다가 칼퇴근을 한다는 것에 때로 진지하게 고민해 볼 필요가 있다.

속한 부서가 지금은 한가한 때이기 때문에 당연한 현상인지, 내게 주어진 일이 없기 때문인지를 말이다. 일이 많다고 좋은 것만도 아니다. 다른 사람은 퇴근 전까지 끝낼 수 있는 일을 업무시간 중에 해결하지 못하는 상황은 아닌지 스스로 점검해야 한다.

 임원

　그건 지금 그대가 걱정할 일이 아니다. 월급을 주고 일을 시키기 위해 뽑힌 사람이 그대라는 점에서 조급할 필요가 없다. 잠시만의 여유일 뿐, 뭐가 문제인가? 만약 선배가 얄팍한 지식을 손에 쥐고 넘겨주지 않는다면 그대는 그 여유시간을 잘 활용하여 기존의 서류나 보고서 등을 숙독하고 관련된 지식을 보강하며 유익하게 보내면 된다.

　그리고 지금 맡고 있는 일을 정말 잘하고 있는가에 대해 고민해 봐야 한다. 지금 하고 있는 일을 잘할 뿐만 아니라 기존의 불합리한 관행을 상사와 논의하여 개선까지 한다면 그다음은 일이 쏟아질지 모른다.

20
세련된 업무 관리

 팀원

일이 산더미처럼 많아서 도저히 무엇부터 시작해야 할지 모르겠어요.

 팀장

지금 하고 있는 일을 리스트로 정리하여 4가지로 분류해 보는 연습을 해 보는 것이 중요하다. 연습이라고 한 데는 이 작업이 처음 해 보는 입장에서 분류조차도 그리 간단하지만은 않기 때문이다. 업무를 분류하는 전제는 중요하고 긴급한 것에 따르면 된다.

업무의 우선순위

	중요성 높음		
긴급성 낮음	3. 중요하지만 긴급하지 않은 일	1. 중요하고 긴급한 일	긴급성 높음
	4. 중요하지도 긴급하지도 않은 일	2. 중요하지 않으나 긴급한 일	
	중요성 낮음		

(출처: 『The Seven Habits of Highly Effective Person』, Steven Covey)

숫자의 순서대로 가장 먼저 처리해야 할 업무의 순위가 나온 거다. 하지만 때때로 어느 자리에 있는 업무이든 긴급성이 바뀌기도 한다. 갑작스럽게 회의가 잡히거나 상사가 이전에 말했던 마감일보다 재촉을 하게 되는 경우가 발생할 때는 정리해 둔 순서 내에서 다시 재조정을 해야 한다. 그렇지 않다면 중요성과 긴급성에 따라 뒤로 밀려나 있던 업무를 지금 처리할 수 없음을 알릴 필요도 있다.

그래서 이 모양대로 업무를 정리하는 것이 매우 힘들다. 특히, 신입사원에게는 모든 업무가 중요하고 긴급해 보이기 때문이다. 업무를 분류하는 데 어려움을 겪을 때 한 가지 팁을 주자면 정기적으로 하는 일은 빠뜨리면 안 된다. 특히, 그 일은 4의 자리에 있다가 시간계획을 놓치는 순간 2의 자리로 옮겨갈 수 있다. 그러면 중요하지 않지만 긴급하기 때문에 우선순위가 1위가 되고 마는 것이다. 시간을 잘 분배해 미리 해 두어야 하는 업무라는 얘기다. 다른 사람과 협업해야 하는 경우라면 더욱더 미리 요청하고 진행해야 한다.

특히, 1의 자리에 가는 업무는 갑작스럽게 떨어지는 경우가 많다. 한편으로 당신의 역량을 평가받을 기회이기도 하다. 업무를 할 때 가장 어렵고 하기도 싫은 경우가 2이다. 또한, 2에 대한 평가는 당신의 생각과 상사의 생각이 다를 수 있는 업무이다. 예컨대 신입사원이 보기에는 별로 중요해 보이지 않으나 상사에게 긴급하다면 이는 즉시 해야 할 일인 것이다. 이럴 때는 상사의 입장에 맞추어라. 대신, 당신에게 1의 업무가 있음을 알리고 1과 2의 순서대로 하면 될지를 되묻는 것이 필요하다.

많은 사람이 정기적인 회의를 시간 낭비라며 회의적으로 바라보는데 사실 이러한 업무 조정을 위한 최적의 시간이 회의 시간이다. 상사와 팀원들이 모여서 일의 진행 상황을 살피고 스케줄을 조절할 수 있는 유익한 시간이니 잘 활용해야 한다.

 임원

회사의 우선순위를 정하는 사람은 원칙적으로 CEO, 담당 임원, 그리고 해당 팀장이다. 무엇을 먼저 해야 할지 모를 때는 질문하라. 어떤 부분을 더 깊이 있게 해야 할지는 윗사람이 결정해 주는 것이다. 또한, 일마다 그 일을 왜 해야 하는지를 물어보는 것이 일의 질을 높이고, 더 좋은 결과를 얻게 하는 기본이다. 더불어 그 질문으로 상사의 신뢰도 얻을 수 있다.

그 와중에도 스스로 순서를 정해야 하는 경우도 있다. 일의 순서는 정해 달라고 해야 하지만 자신이 일할 때 업무의 종류에 따라 효율성을 높이는 방법을 결정하는 것은 자신만이 할 수 있는 일이다. 그리고 반드시 '업무목록(Things-to-do list)'을 기록 유지하라. 이때 중요도와 긴급성을 함께 구분 표시하여 만기일(Deadline)을 잘 관리해야 한다.

이때 몇 가지 팁이 있다. 보통 중요도와 긴급성 기준으로 관리하지만, 심정적으로는 '하기 싫은 일 혹은 시작하기 두려운 일'과 '하고 싶은 일'을 기준으로 관리하는 경우도 많다. 같은 기준이라면 우선 하기 싫은 일부터 하라. 그리고 언제라도 꼭 해야 하는 일이라면 미리 해치우는 것이 정신건강에도 좋고 미리 관심을 보임으로써 업무의 질을 높일 수 있는 것이다. 사소한 일도 끝까지 미루지 마라. 분류상 중요하지 않은 일도 미루다가 결국 긴급해지건 중요한 일도 뒤로 미루고 허덕거리며 해결해야만 한다. 잠깐 방심하면 쓸데없는 자신감으로 여유를 부리다가 데드라인까지 미루는 것이 가장 미련한 짓이다.

(주의) 상사가 갑자기 호출하는 순간에는 노트와 필기구를 꼭 소지하자. 당신을 부를 때는 용건이 있다는 의미다. 시시콜콜한 것이든 중요한 것이든 무엇인가를 쏟아내어 말할 준비를 하고 있는데 빈손으로 오는 부하 직원을 보게 된다면 그 순간 화가 치밀 수 있다는 사실을 잊지 말자.

그대는 그 순간, 상사에게 단체인원이 주문한 메뉴를 메모도 없이 외워가려는 종업원을 보게 만드는 느낌을 주었을 수 있다. 미덥지 않고 신뢰도 안 간다. 노트를 가져갈 때는 평상시 업무나 일정을 적던 늘 사용하는 노트 혹은 다이어리여야 한다. 평소 업무를 관리하는 노트를 가져가야 하는 이유는 당신을 향해 작정하고 업무를 쏟아낼 상사와 그 자리에서 우선순위의 업무를 논할 수 있는 근거가 되어 주기 때문이다. 무엇을 우선순위로 해야 할 것인지 그 자리에서 논하라. 자신이 해야 할 일을 늘 염두에 두고 있는 부하 직원만큼 믿음직한 경우는 없다.

적을 거리를 챙겨간다고 찢어지는 메모지나 포스트잇, 이면지 등을 가져가서는 안 될 일이다. 받아 적기는 하되, 곧 버려질 수 있는 느낌을 강하게 주기 때문이다. 미덥지 않은 상사라도 예의는 갖추자. 그 예의는 습관이 되고 평가받는 태도가 된다.

21
회식하기
: 술잔을 건네는 방법

 팀원

술을 받으면 다시 술을 따라 드리는 것이 맞다고 배웠어요. 아직 회식문화에 대해 잘 모르기 때문에 술을 따르는 것에 망설여집니다. 회식문화에 대해 자세히 알려 주세요.

 팀장

술을 받았으면 다시 되돌려 주는 게 주도를 떠나서 술을 권한 사람에 대한 예의의 모습은 맞다. 오히려 술을 받고 가만히 있는 것이 상대를 민망하게 하는 순간이라면 뒤이어 술을 권하는 게 맞다. 그런데 다 같이 술을 권하고 받는 형태라면 굳이 다시 되받아 술을 따라 주지 않아도 된다. 즉, 상대가 권한 술이 자신을 향한 직접적인 경우라면 '받고 권하고'의 모습이 아직은 맞다.

회식에 '문화'라는 단어를 덧붙일 만큼 저마다 조직의 성격과 유형 그리고 리더의 성향에 따라 그 모습이 매우 다르다. 그중에서도 전통적(?)으로 행해져 오고 있는 술과 가무가 가미된 회식에서는 그 분위기에 맞추어 잘 놀아 주는 것도 능력이다. 다만, 그 놀아 주는 한계가 어느 정도일지는 탐색이 필요하다. 지나쳐서도 소극적이어서도 안 된다. 하지만 언제나 대전제는 평소 불성실함을 회식을 통해서 만회하려는 모습이면 매우 곤란하다.

 임원

 회식은 내 돈 주고 하는 모임이 아니라 회사가 주는 소중한 돈으로 하는 모임이다. 따라서 그 목적이 분명해야 하고 소정의 성과가 있어야만 한다. 따라서 그 모임의 주최자는 물론이고 참가자도 그 기본 정신을 잊어서는 안 된다.

 일반적으로 회식의 목적은 동일 근무 집단 구성원으로서의 동료애 형성(Team Building), 좋은 성과에 대한 칭찬 및 축하, 지친 팀원들에 대한 격려, 문제 있는 팀원의 관찰 및 관리, 환영이나 환송 등 좀 더 친밀한 분위기와 자리를 빌려 기업 문화 정착이나 변화 관리를 이루는 것이다. 그것이 아니고 팀장이 단순히 자기가 술을 좋아해서, 집에 일찍 가기 싫어서, 혹은 회삿돈으로 자신의 리더십을 과시하기 위해서(실은 부족한 리더십을 감추기 위해서) 등 자신의 사적인 목적으로 한다면 엄격히 말해서 그것은 횡령이나 마찬가지이다. 그런 팀장은 절대로 자신 개인 돈으로 회식시켜 주지는 않을 테니까.

 우선 조화롭게 어울리면서 잘 관찰하고 신중하게 판단할 필요가 있다. 만약 고유의 취지에 맞는 올바른 회식이라면 어느 정도 시간상, 체력상 부담이 되더라도 그 취지가 잘 달성되도록 협조하고 다소 희생할 필요도 있다. 그러나 정말 잘못된 것이라고 판단되면 인사부에 알릴 필요가 있다. 정상적인 조직은 회사 업무를 하는 중에 생기는 상황에 대한 어려운 점을 피드백할 수 있는 수단은 꼭 있다.

누가 봐도 말이 안 되는 행동을 하는 사람이 관리자 중에 있다면 이런 사람은 조직에서도 꼭 알고 싶어 하고 제거하고 싶은 1순위이다. 신입사원은 절대 약자가 아니다. 신입사원의 목소리는 아주, 자주 막대한 영향력이 있다. 특히, 다수의 신입사원이 가지는 공통된 불만은 누군가를 단번에 보내 버릴 강력한 힘을 가질 수도 있는 것이다.

22
회식하기
: 일방적인 회식 일정에 대처하기

 팀원

통보받은 회식 일정, 저의 선약과 겹치는데 매번 이런 식일까 봐 화가 나요. 앞으로는 어떻게 해야 할까요?

 팀장

그대는 신입사원이다. 이제 막 업무를 시작했고 부서의 분위기를 알 듯 말 듯 늘 관찰 중인 단계다. 그런데 이 부서의 회식은 매번 일방적이다. 자기 계발이나 그동안 못 만났던 친구들과 약속도 잡아 볼라치면 어째 부서 회식 일정과 딱 겹친다. 이럴 때는 마음 맞는 선배를 찾는 게 급선무다. 그 선배가 부장님, 팀장님에게 신임을 얻고 부서 내에서 한목소리를 내는 사람이라면 더없이 좋겠다. 합리적인 선배와 친밀함을 유지해서 불편할 일은 없다.

때마다 일방적인 회식 일정에 대한 불만은 당신에게만 있는 게 아니다. 그러니 그 선배의 목소리를 빌려 보라는 거다(Influencing). 아무리 합리적인 선배 앞이라도 처음부터 회식에 대한 불만, 투덜대는 목소리를 내어서는 안 된다. 한두 번은 그냥 묵묵히 가는 거다. 그래도 그런 회식이 잦아지면 점심을 먹으면서 모뉴 차를 한잔 하면서 회식 일정에 대해 사람들이 가지는 느낌이 어떤지를 살펴보라. 분위기 봐 가면서 말하라는 거다. 불만의 목소리는 있는 족족 말하는 게 아니다. 더욱이 그게 위로부터 아래로 내려온 결정이라면 그게 아무리 정당한 불만처럼 느껴져도 작은 것으로 '미운털 박히기' 딱 좋다.

당신의 위치와 상황을 생각해 보면서 발언하는 거다. 직장생활에서 절대적으로 필요하다는 '센스'는 한국말로 '눈치'로 통용된다는 사실을 잊지 말기를 바란다. 보편타당하게 불편하고 불만으로 제기되는 문제는 부서 내 신뢰를 받고 있는 사람의 목소리를 빌려 말함이 좋다. 대신 그대가 나중에 그런 선배가 되어 주어야 한다.

 임원

회사에는 항상 함께하는 구성원이 있다. 조직은 이상한 사람들만 모인 곳이 아니다. 먼저, 그 나름의 능력과 경험으로 그 자리까지 함께하는 합리적인 집단이라는 점을 잊지 말자. 모든 사람이 모이기 때문에 3~4일 전 혹은 일주일 전에 정해진 것이라면 내 약속을 조정하려고 노력하는 게 합리적인 선택이다. 그리고 조정하려는 순간 이것을 회사 회식 때문에 내 소중한 약속을 파기한다고 생각하는 것 자체가 스스로 '피해자 코스프레'를 하면서 부정적으로만 받아들이고 있다는 것을 인지할 필요도 있다.

여러 사람이 함께하는 조직에 속한 구성원으로서 그 정도는 수용하려는 노력도 필요하다. 다만 모든 구성원이 함께하는 회식과 삼삼오오 모이는 번개는 구별하자. 회식은 회사의 공식적인 모임으로 모두 참여할 필요가 있고 번개는 굳이 참여하지 않아도 무리가 되지 않는다.

사실상 일과 개인 생활의 균형을 5대 5로 한다는 것은 불가능하다. 실제로 보면 8대 2도 있다. 절대적인 시간으로 따져 보더라도 때로는 잠잘 때는 물론 기상하는 순간부터 회사에 대한 생각이 시작된다. 실제 업무시간 등 물리적인 시간으로 따져도 8대 2의 비율을 심적으로는 5대 5가 황금 비율이라고 믿는다면 둘 중 어느 하나도 제대로 할 수 없는 상황이 될 가능성이 크다.

회사가 나아가는 속도만큼 나의 속도도 그에 맞추어야 뒤처지지 않는다. 그래서 자신이 정한 비율에 대해서 일관성을 유지하는 게 더 중요하다. 사람마다 중요하게 생각하는 것을 정해 놓고 사안별로 (예를 들면 가족의 주요 행사라든가, 자신의 취미생활이라든가…) 세상없어도 지키는 것이 필요하다. 내가 수용 가능한 부분과 다른 사람이 수용 가능한 부분이 동일하지 않을 가능성이 크다. 넘어설 수 없는 나의 생활에 대한 일관성이 중요하다. '저는 이것만은 안 됩니다.' 하는 '무엇'의 비율과 구체적인 것부터 정해 보자.

23
상사에게 말하기
: 김 과장이 했어요 vs 김 과장님이 하셨어요

 팀원

팀장님께 과장님을 말씀드릴 때 '님'이라는 표현은 하지 않는 것이 맞다고 들었어요. 막상 그렇게 말씀드리려고 하면 예의가 없어 보일 것 같아 망설여져요. 호칭에 대해 정확히 알려 주세요.

 팀장

일상생활에서는 흔히 다음과 같이 압존법을 사용한다. '할아버지, 아버지가 왔습니다.' 즉, 문장의 주체가 청자보다 낮은 지위에 있으면 높임법을 사용하지 않는다고 배웠다. 그러나 국립국어원에서 발표한 「표준언어예절(2011년)」에 따르면 주체가 청자보다 직위가 낮더라도 높여 부르는 것을 인정하고 있다. 따라서, '할아버지, 아버지가 오셨습니다'도 허용된다.

이런 혼동은 직장에서 더 커진다. 이 압존법을 적용하지 않기 때문이다. 다음의 몇 가지를 기억하면 바른 표현을 사용하는 데 어려움이 없을 것이다.

> (대리가 말할 때) 부장님, 팀장님께서 ~~하셨습니다. (X)
>
> (대리가 말할 때) 부장님, 팀장이 ~~했습니다. (△)
>
> (대리가 말할 때) 부장님, 팀장님이 ~~하셨습니다. (O)

일반적인 표현은 세 번째이나 직장문화나 분위기에 따라 두 번째일 수도 있다. 기존에 업무를 해 오던 사람들이 쓰는 표현이 어떤지를 관찰하여 동일한 형태로 사용할 수 있도록 한다.

24
실수 연발
: 틈이 많은 신입사원

 팀원

실수를 연발하는 내 모습에 너무 화가 납니다. 게다가 저는 대고객 업무를 하고 있어서 실수를 하면 그에 대한 여파가 너무 큽니다. 그래서 정말 부담이 되는 것도 사실입니다. 다른 부서로 가고 싶어요. 의욕이 점점 떨어집니다.

 팀장

세상에 완벽한 사람은 없다는 것을 당신도 잘 안다. 당신의 상사도 그대가 속한 조직의 CEO도 이 정도는 당연히 안다. 이를 이해하고 받아 줄 아량은 그들의 인격에 따라 다를지라도 실수 없는 사람이 없다는 데 모두 동의하는 바다. 사람은 누구나 실수할 수 있고 실수를 하였더라도 전혀 부끄러운 일이 아니다. 오히려 실수하지 않는 사람은 접근하기 힘들다. (사람과의 관계에서든, 문제의 해결에서든.) 그렇기 때문에 실수를 했으면 자책하고 있기보다는 잘못을 시인하고 빨리 해결책을 찾아 바로잡는 것이 먼저다. 그래서 실수를 바르게 하는 방법은 이렇다.

실수로 상사에게 질책을 받을 때에도 수습하려는 책임감 있는 태도를 보이려고 노력하는 거다. 책임을 지라는 게 아니다. 태도와 노력의 모습이다. 실수를 저지른 것에 대한 인정, 언제까지 문제를 해결할 것이고 어떤 방향으로 보완할 것인지 등을 찾아보는 게 여기에 해당한다. 그 안에서 당신의 상사가 더 좋은 해결책을 내려 줄 수도 있고 다른 방향을 제안할 수도 있다. 단지, 태도와 노력이 느껴지는 그 모습에서 실수를 한 그대가 오히려 신뢰를 얻는다.

실수를 발견했으나 해결 방안이 떠오르지 않는다면 상사나 선배에게 조언을 구해야 한다. 그 사항에 대해 매우 구체적으로 설명해야 한다. 모르는 것을 질문할 때라도 지혜롭게 하자. 실수에 대한 원인 분석, 지금까지 생각해 본(명확한 해결책은 아니지만) 그것을 들고 도움을 구하는 거다. 실수에 대한 해결은 어렵지만 맡고 있는 일에 대해서 당신만큼 잘 아는 사람은 없다는 책임감으로 설명하라는 거다. 무조건 모르겠다, 어렵다는 무책임한 태도보다는 자신이 충분히 노력한 상황임을 보여주어야 한다.

 임원

한두 번 실수가 아니라 반복적이고 노력을 해도 별로 개선이 되지 않는다면 좋은 선배, 동료, 전문가에게 조언, 도움을 요청할 때이다. 무엇보다도 상황을 객관적으로 평가해 줄 수 있는 사람이 필요하다.

그대는 반복적인 실수로 창피하고 굴욕적인 마음 상태로 스스로를 이성적이고 객관적으로 평가하지 못하고 비이성적으로 행동해서 문제를 더 악화시키는 게 더 큰 문제일 수가 있다. 스스로의 노력이든 도움을 받든 먼저 실수 연발의 원인을 찾아야 한다. 단순히 너무 긴장해서 실수 연발인가? 아니면 근본적으로 능력 부족이나 도저히 적성에 안 맞거나일 것이다.

  이 객관적인 분석에 따라 다른 부서로 가거나 방법을 찾아야 한다. 도움이 필요할 때 요청하는 것은 절대 수치스러운 것이 아니다. 정말 수치스러운 것은 자신이 부족하거나 모르는 것을 알면서도 그런 자신이 남에게 들키는 것이 무서워 물어보지 못하는 것이다. 자신이 진정 최선을 다하고 있는 상태라면 도움을 요청해야 할 때도 용기 있게 하라. 살다 보면 누구나 좋은 날, 나쁜 날이 있고 사람은 서로 도우면서 살아야 인간답고 사는 맛이 있는 것이다.

25
새로운 업무를 추가로 받았을 때

 팀원

  부서에 새로운 사람이 오고 팀 내에 업무가 분류되면서 하지 않고 있던 일을 해야 하는 지시를 받았어요. 처음에는 업무 분류상 당연하다고 생각했는데 돌이켜 보니 내가 해야 하는 것은 맞는 것인가 하는 생각이 들었어요. 지시를 받는다고 해서 다 하는 것은 아니라는 말도 들었는데 새로운 업무를 부여받았을 때는 어떻게 풀어가야 하나요?

 팀장

  추가적으로 부여받은 업무가 조직의 사업 역할이나 부서의 역량에 따라 생긴 신규 업무인지 기존에도 해 오고 있었던 업무인지를 봐야 한다. 신규 업무라면 부서 내에서도 가장 적합한 분장을 따라 주어졌을 가능성이 크다. (하지만 이것도 단순 분장인지 업무의 전후 사정을 돌아보고 내린 결정인지는 다시 살펴봐야 한다.) 그와 다르게 기존에도 해 오던 업무를 저쪽에서 이쪽으로 옮긴 경우라면 자신이 하고 있는 업무와 새롭게 지시받은 업무 간의 연장성이나 유사성이 있는지를 살펴볼 필요가 있다. 더불어 추가 업무로 지금의 업무에서 과부하가 일어날 가능성은 없는 것인지를 고려해 봐야 한다(이게 가장 중요한 문제다).

준다고 묵묵하게 다 받아서 펑크 나면 애초에 할 수 없음을 얘기하는 것보다 더 나쁜 결과를 초래한다. 사람들은 대개 주면 주는 대로 해내기를 원한다. 그래서 추가 업무에 대한 분석과 관찰로 전후 사정을 얘기하거나 업무 분담의 확실성을 나타내고자 하면 좋지 않은 시선을 보낼 수도 있다.

이때는 '새로운 업무를 잘하기 위해서 이런저런 사정을 살펴봤더니'라는 류로 정확하게 얘기함이 바람직하다. 살펴봤더니 과부하가 일어날 것 같은 업무라면 이른 시일 내 그 사정을 전해야 한다. 살펴봤더니 과부하도 없고 일의 연속성도 있다면 대의를 위해서라도 없던 일이 생긴 것은 맞지만 하는 게 맞다.

무턱대고 받은 일이라고 그냥 막하지 말라는 말과도 같다. 그러면 확실한 사람에게 일을 맡겼다는 인상을 주고 그 결과에 대해서도 신뢰를 받는다. 결국, 이왕 받은 거라면 제대로 해내어야 한다. 그리고 기존에 다른 사람이 하던 업무라면 전례를 따르지 말고 새로 시작하는 것과 같은 마음으로 다시 보고 개선해 나가야 한다. 그게 제대로 일을 하는 사람의 자세다. 그래야 일을 받기 전에 이게 진짜 해야 하는 일이 맞는지 아닌지를 가르려고 했던 모습의 진짜 의도인 '제대로 일하려는'의 모습을 보여 주는 거다.

업무 배우기

 임원

　신참 입장에서 일을 마다하고 다시 분장해 달라고 할 수는 없다. 지금 하고 있는 일의 범위와 난이도 정도를 밝히고 우선순위를 물어 팀장에게 그 업무에 대해 환기를 시켜 새로운 생각을 할 기회를 주도록 하는 것이 좋다. 그리고 그때 시간상 물리적으로 가능한 정도와 역량 부분도 솔직히 얘기하면서 겸손하게 지원과 지도를 요청하는 것도 좋은 방법이다. 그러는 과정에서 꼭 해야 하는지 내가 해야 하는지 무엇을 먼저 해야 하는지 등이 분명해진다.

IV
업무 하기

새로운 일을 시작할 때마다 무슨 회의가 그렇게도 많은지 결론도 나지 않고 협조를 구하기도 어려운 회의를 왜 개최만 하는 것인가요? 그 시간에 일을 하는 게 훨씬 나을 것 같은데 회의가 있다는 말만 들어도 머리에 쥐가 나요. 회의, 제대로 하는 방법 없나요?

26
칭찬을 글로 배운 상사

 팀원

회사에서 전략적으로 추진하고 있는 업무에 계획과 실행을 맡았어요. 처음에는 전사적인 업무가 될 거라는 생각에 두 달여를 야근하면서 계획을 세웠어요. 그런데 보고를 할 때마다 마음에 들지 않는다 하더니 10번도 넘게 고친 보고서는 처음의 방향을 잃고 이상한 계획(안)이 되어 버렸어요. 그제서야 제일 처음에 보고한 내용으로 하자고 하셨는데 여전히 마음에는 차지 않는대요. 이 허탈감을 어쩌죠? 몇 달을 이 계획에만 온 힘을 쏟았는데 제가 능력이 부족한 것이라는 생각에 자책감마저 들어요. 게다가 지금은 다른 일을 할 의욕도 잃었어요.

 팀장

그대는 그 상황을 통해서 무엇을 느꼈나? 확실한 한 가지는 그대는 그와 같은 팀장이 되지 않을 수 있다는 데 한 표를 준다. 그대가 리더가 되었을 때 마음에 들지 않은 작업을 그래도 마무리 지어야 할 때라면 일단, 칭찬해 주고 갈 필요가 있다. 칭찬하는 데 돈, 시간 들지 않는다. 단지 마음먹기 차이 아닌가. 함께 가야 하는 부하 직원에게 칭찬 한마디는 얼마든지 줄 수 있는 선물이다.

그대가 처한 지금에 그렇게 고생시킨 상사의 우로와 칭찬이 담긴 한마디가 있었다면 이처럼 억울하지는 않았을 거다. 앞으로 일할 의욕까지 잃은 당신에게는 그 리더가 잘못 대처한 부분이 있다. 잘못을 되짚고 가기에 그대가 그 상황에서 어떤 기분일지를 잘 알기 때문에 그대가 그런 리더가 되지 않을 거라는 데 한 표를 준 거다. 그렇게 안 하면 되니까. 그런데도 그렇게 한다면 지금의 그대와 같이 고생하는 부하를 둔 리더를 그대로 답습하게 되는 것 아닌가? 그런 의미에서 그대는 꽤 의미 있는 교훈을 남긴 큰 경험을 했다.

그대가 리더가 되기 전에 그런 경험을 한 게 참 다행이다. 그래도 기분 나쁘면 그 사람의 좋은 점을 보려 애써라. 그리도 참으로 위안이 되는 한 가지, 그 리더는 누구에게나 그렇게 행동하고 그런 평가를 받고 있다. 상사만 당신을 평가할 수 있을 것이라 생각하지 말기를. 얼마나 다행스러운 일인가!

 임원

일의 결과는 팀이 다 공유하는 것이다. 나는 '처음부터 그렇게 하자고 했는데 팀장이 틀어서 이 모양이 되었다'는 것이 가장 쉽고 자신의 에고(Ego)를 충족시키는 변명이 될 것이다. 그리고 좋든 나쁘든 결과에의 기여도는 팀원보다는 당연히 팀장의 기여도가 절대적으로 크다. 그러나 그것은 팀장 입장에서 할 수 있는 얘기이고 그대는 다음을 염두에 두기를 바란다.

이 팀의 성공이, 즉 팀장의 성공이 나의 성공이다. '애당초 내가 잡았던 방향이 옳았다고 하더라도 그것을 뒷받침할 근거나 논거가 불충분했기 때문에 받아들여지지 않았던 것이 아닌가?' 혹은 '내가 자신감이 없어 너무 쉽게 포기하고 내 주장을 충분히 전달하지 않았던 것은 아닌가?' 하는 것들을 먼저 생각하면 좋겠다.

그러나 '제가 능력이 부족한 것이라는 생각에 자책감마저 들어요. 게다가 지금은 다른 일을 할 의욕도 잃었어요'는 매우 안 좋은 방향이다. 객관적으로 평가, 판단하고 자신의 잘못이 있다면 다시는 되풀이 되지 않도록 하면서 앞으로 나가는 것이다. 최소한 상대적인 경쟁력을 확인하는 좋은 기회라는 것을 인지하라. 내가 더 젊으니 무조건 시간은 내 편이다. 이 부분에서 내가 그대에게 하고 싶은 진짜 질문은 '그대는 그 시간을 내 편으로 만들 마음가짐이나 자격이 있는가'이다.

27
문제에 대한 의사결정을 못하는 상사

 팀원

문제상황이 있는데 대안도 내 주지 않고 의사결정도 내려 주지 않는다, 이럴 때 어떻게 해야 하나요?

 팀장

제대로 일을 하면서 업무도 빈틈없이 처리하고 있다. 다만 계속해서 문제가 보인다. 이 문제를 해결하고 싶은 상황이 있다고 하자. 그런데 그 문제를 제기한 직원을 바라보는 상사의 반응이 '그전에는 문제없었잖아?'라는 시선을 준다면 그 사람이 이상한 거다. 일이 하기 싫거나 대안이 없는 사람에게 그런 모습이 나타난다. 너는 문제를 해결하려고 간 사람이라는 책임감을 망각하지 않고 진심을 잃지 말고 해나가자. 그래도 결과는 별반 다르지 않을 수 있지만 너에게는 무슨 일을 맡겨도 제대로 하고자 한다는 생각으로 걱정 말고 계속 얘기하라.

한 가지 더, 대개 상사는 결정을 내리는 역할을 해야 함에도 그것을 해내지 못한다는 것은 그대가 하고 있는 업무에 대해서 그도 자신이 없고 잘 모른다는 의미다. 지금 이 상황에서 당신의 업무 문제 상황을 잘 알고 있는 사람은 팀장이 아닌 바로 그대이다. 그 문제를 해결하기 위한 방법도 당신에게는 있다.

사사건건 '그것은 아니다.'라고 반론만 제기하는 팀장이라면 자리로 돌아왔다가 상사가 그 문제와 그대가 제안한 대안에 대해서 다시 생각할 시간을 넓은 아량으로 조금 주어라. 그리고 다시 설득하고 설명해야 한다. 두 번째는 앞서 설명하고 설득한 내용보다 좀 더 깊이 있는 방법이어야 한다. 추가된 대안을 더 가져도 된다. 상사가 선택해 결정할 수 있는 폭을 넓혀 주는 거다. 그러면 당신의 상사는 생각한 것보다 더 명확한 대안을 내놓을 수도 있다. 의사결정을 하지 않는다고 투덜대지 말고 아무것도 모르는 상사에게 쉽게 좀 더 쉽게 설명하는 방법을 생각해 보도록 한다.

결국에는 당신도 문제에 대한 의사결정을 해야 할 리더의 자리에 가게 될 것이다. 그대가 상사로서 해 줄 수 있는 최고의 의사결정은 실무를 진행해야 하는 팀원이 자신의 업무에 대해서 깊이 고찰하고 그에 대한 대안을 찾을 수 있도록 역량을 키우는 데 있다. 지금부터 훈련된 그대는 그런 상사가 될 수 있다. 그러나 가끔은 상사가 의사결정을 내리지 못하는 다른 맥락이나 배경이 있을 수 있다는 것을 알아야 한다.

더 윗선에서 필요한 의사결정을 해 주지 않고 있거나 당신이 고려하지 못하고 있는 다른 사항들을 고민하고 있어서일 수도 있다. 회사에서 팀장은 조직의 허리에 해당하지 머리가 아니다. 머리가 내린 지시와 당신이 올린 제안이 충돌한다면 팀장은 고민에 빠지게 되고 의사결정을 미루는 게 더 편한 상황이 된다. 물론, 의사결정을 늦추는 게 옳다는 얘기는 아니다. 프로젝트의 성패는 때로는 속도가, 때로는 정확성이 좌우한다. 그래서 의사결정을 미루는 것은 결코 답이 될 수 없지만 그가 하고 있는 고민을 같이 짚어 볼 수 있는 신뢰받는 직원이 되길 바란다.

 임원

이 경우 그 상사에게 아래와 같은 조언을 하고 싶다. 물론 그대가 윗사람에게 하는 조언인 만큼 어려움도 있고 미리 충분히 이해하고 좋은 타이밍에 잘 전달해야 할 것이다. 우선 아래의 내용을 잘 숙지해 보고 그대의 역할에 대해 잘 생각해 보길 바란다.

아주 늦게 완벽한 결정을 내리는 것보다는 다소 실수가 있더라도 빨리 결정을 내리는 것이 좋다. 이 경우 결정 포인트가 여러 개로 나누어지는 것이다. 즉, 전자는 큰 결정을 한 번에 하려니 시간도 걸리고 위험도 큰 것이다. 후자는 여러 단계로 나누어 매번 작은 결정을 하게 되니 틀린 결정도 그 피해가 크지가 않고 빠른 결정과 빠른 결과로 인한 학습효과를 가져와 빨리 개선할 수가 있다. 그러니 우선 여러 개의 옵션을 포함하는 것에서부터 시작하고 맞으면 계속 진행, 틀리면 얼른 다른 옵션을 선택하는 것이다. 이때 경로의존적(經路依

存的, Path-Dependent)인 의사결정 과정이 되는 것이니 매번 결정할 때마다 실패할 때 대재난이 되지 않도록 최선을 다하고 또 다음 결정 때 가능한 한 많은 선택 대안을 확보하도록 애를 써야 한다.

그럼 신규 사업을 할지 말지를 한 번에 결정해야 하는 순간에는 어떻게 할 것인가? 이때에도 일차 검토 결과 사업성이 있다면 사업을 하되 'Pilot' 사업으로 하면서 더 큰 의사 결정을 위해 작은 의사 결정을 할 수 있는 환경을 마련하는 것도 방법이다. 예를 들어 규모, 장소, 범위, 적용 매장, 대상 소비자를 최소한으로 하되 실제 사업을 통해 사업성도 검증하고 위험 요인도 찾아낼 수 있을 만한 규모로 진행하는 것이다.

비즈니스 환경은 끊임없이 빠른 속도로 변하기 때문에 대부분의 경우 결정을 기다리느라 입는 피해는 막대하다. 정말 아닌 것 같은 것은 미루지 말고 빨리 안 한다고 결정을 내려야 다른 사업에 집중할 수 있다. 조직의 자원은 유한하다. 인력도 물론이다. 만약 사업성의 가능성이 있다면 일단 실행하고 조금 틀린 결정이라도 그 결정에 따라 실행하면서 새로운 정보를 가지고 다시 올바른 결정을 할 수 있는 것이다.

그래서 오늘날 극심한 경쟁 상황에서 일하는 많은 임원은 다소 정보가 부족해도 더 이상 결정을 미루는 것보다도 주어진 정보를 바탕으로 최선의 판단을 내리려고 한다. 만약 완벽한 정보가 100이라면 30 정도의 정보만 주어져도 그 이상 기다리는 것보다 일단 의사 결정을 한다. 그런데 여기서 큰 위험이 도사리고 있다. 그 임원은 나름

30%의 정보를 가지고 판단을 했다고 믿지단 만약 그 정보를 들고 온 팀장이나 부장이 100%의 정보를 가지고 온 것이 아니라 그 역시 30%의 정보를 가지고 왔다면? 끔찍한 일이다. 100개의 정보가 필요한데 그나마 절반 이상의 자료를 가지고 나름 최선의 판단을 하려고 했는데 알고 보니 고작 9%의 정보(30%■30%)를 가지고 했다니! 그 결과는 안 봐도 비디오다. 한번 그런 것을 겪고 나면 불안할 수밖에 없다. 그대는 신입사원이지만 과연 의사결정자에게 정말 100%의 정보를 제공했는지 먼저 자문해 보아야 한다.

그럼 끝까지 결정을 내려주지 않는 상사에 대해서는 어떻게 해야 하나? 사실 냉정하게 얘기하면 그대는 크게 걱정할 일이 없다. 오히려 얼마 남지 않은 상사의 근무 기간을 지켜보며 자신의 승진 기회가 점점 빨리 다가오는 것을 내심 즐기면 된다. 일의 최종 책임은 담당 임원이나 프로젝트 매니저의 책임이니 결정 장애인인 책임자는 얼마 안 되어 그대 눈앞에서 사라질 것이다.

다만 보고 시 잘못된 의사 결정이나 무결정에 의한 위험은 기록으로 남겨라. 메일을 보낼 때는 의사 결정을 할 수 있는 2인 이상의 사람에게 참조 메일을 보내 증거를 남겨 두어라. 힘이 있는 사람은 결정하고 지시를 하는 거고 힘이 없는 사람은 영향력 행사(influencing)를 하는 것이다. 신입사원도 지적한 문제를 해결하지 못한 상사는 종말을 보게 될 것이다. 아무도 오너십이 없는 회사라서 신입사원에게 오너십이 갈 만큼 문제가 있는 상황이라면 직장인의 윤리를 염두에 두어서라도 오너에게 직접 보고할 필요도 생기는 경우다. 특히,

상사가 책임을 전가하거나 회피하기 위해서 의사결정을 내리지 않는 경우라면 더욱더 메일이나 기록을 남겨 두는 것이 깔끔하다.

28
뒤통수에도 눈이 달린 상사

 팀원

사사건건 간섭하는 상사, 선생님한테 감시받는 학생 같은 느낌이에요.

 팀장

업무를 하는데도 옆자리에 앉아 사사건건 간섭하는 상사, 상상만으로도 매우 짜증 난다. 그들은 표의 줄 하나 긋는 것, 엑셀의 산식을 만드는 것까지 자신의 기준을 따르기를 원한다. 하지만 이처럼 창의성을 짓밟는 일이 또 있을까? 한편으로는 이렇게 하는 이유가 상사가 보기에 그대가 초등학생처럼 아직 불안하기 때문인지도 모른다. 코칭이 필요한 시기라고 판단했기 때문이다. 이럴 때는 "팀장님, 제가 먼저 하고 나서 보고 드리면 어떨까요?"라고 말하는 방법을 권한다.

일에 자신 있는 만큼 목소리 크기가 달라질 것이다. 작은 것이라도 상사가 중요하게 생각하는 것을 찾아 하나씩 해 보자. 시간이 걸리겠지만 상사는 곧 당신을 신뢰하게 될 것이다. 부정적으로 본다면 암울한 상황일 수도 있다. 의도적이든 아니든 상사가 자신이 알고 있는 범위를 벗어나고 싶어 하지 않을 수 있기 때문이다. 이 경우는 상사의 자존심을 건드리지 않는 범위 내에서 풀어나갈 수밖에 없다. 답답하지만 27번 질문의 답처럼 메일이나 기록을 남겨 보자.

 임원

잠깐. 혹시 간섭과 관심을 혼동하지는 않는지? 또는 정당한 질문을 간섭이라고 치부하며 습관적으로 미워할 만한 이유를 찾는 것은 아닌지? 혹은 질문 내용이 사적인 것으로 생각하여도 어쩌면 그것이 내 근무 행태나 업무 성과에 영향을 미치는 것 때문에 물어보는 것일 수도 있다.

상사가 진행 상황을 자꾸 물어보거나 주요 내용을 확인하려고 한다면 그건 십중팔구는 팀장의 잘못이다. 주요한 프로젝트일수록 진행 상황을 수시로 보고(progress update)하는 것은 필수다. 이것은 일차적으로는 최종 일정에 늦어지지 않도록 일정 관리하는 것은 물론 상사에게 마음의 평안(平安, peace of mind)을 제공하는 장점도 있지만 더 근본적으로는 진행 방향을 수시로 상호 점검함으로써 불필요한 낭비를 방지하는 데 매우 큰 장점이 있다.

따라서 상사가 자꾸 물어본다는 것은 본인에게도 잘못이 있는 경우가 꽤 있다. 작업의 완성도를 높여서 보여 주고 싶더라도 수시로 방향, 문제점 등을 공유하면서 일을 진행하는 것이 인정도 받고 궁극적으로 작업의 질을 높일 수 있는 길이 될 것이다.

29
지혜롭게 상사 디스하는 방법

 팀원

어설프고 못된 상사, 일을 많이 시키는데 존경심이 가지 않는 상사, 뒷담화가 나쁜 것은 알지만 좋은 사람이 아니라는 것을 많은 사람이 알았으면 좋겠어요. 어떻게 하면 될까요?

 팀장

직장생활을 하다 보면 내 마음과 같지 않은 상황과 상대를 만나기 일쑤다. 때때로 자신에게는 용납되는 일이 상대방에게는 용서하지 못할 일이 되기도 한다. 이를테면 부장에게 지시받은 팀장이 부하 직원에게 업무를 전할 때 매번 합리적이라는 법은 없다. 팀장이 방패막이 되어 주었으면 하는 마음이 간절하기도 하지만 부장의 지시를 무조건 쳐낼 수도 없는 게 팀장의 위치다. 업무적인 것에서 하나하나 감정이 쌓이면 서로에게 섭섭함도 느껴지고 그 마음을 다른 사람도 알았으면 할 때가 많다. 그럴 때마다 늘 맞장구를 기대할 수는 없지만 뒷담화를 해서라도 그 감정을 풀고 싶은 마음을 우리가 충분히 이해한다.

사실, 언제나 '너만 아는 이야기'로 시작되는 비밀스러운 말은 탄로가 나기 마련이다. 그럼에도 상사를 디스하고 싶은 당신에게 알려주고 싶은 이야기는 뒷담화도 객관성을 두고 얘기하라는 데 있다.

감정을 실은 뒷담화는 사실을 왜곡하고 자신에게 이로운 방향으로 이야기를 각색하게 만드는 힘이 있다. 예를 들면, 방패막이 되어주지 못한 팀장 때문에 당신의 업무가 과중해져서 기분이 나쁘다는 이야기가 아닌 새로운 업무로 인해서 기존에 하고 있는 중대한 프로젝트가 샛길로 빠졌다는 말이 낫다. 즉, 부장 앞에서는 예스맨이 되어 버린 팀장의 성향을 말하기보다는 업무의 중요도를 판단할 필요가 있다는 얘기가 훨씬 객관적이다.

더불어 '세상에 완벽한 사람이 어디 있는가' 하는 마음으로 팀장 본연의 내면과 성품을 깊이 성찰해 보기를 제안한다. 리더는 언제나 이렇게 외로울 수밖에 없는 존재인지를. 당신의 생각과 다른 업무지시라고 무조건 뒷담화의 소재가 되는 것은 아니겠지만 상사 앞에서 얘기할 수 없는 것이라면 그냥 좀 참을 필요도 있다. 내 마음이 편하자고 그를 모르는 다른 사람에게까지 나쁜 감정을 들어가게 할 역할까지는 안 해도 된다.

그런데 '팀장은 언제나 이렇게 외로운 자리인가' 하고 상대를 돌이켜보면 '지혜롭게'로 가장한 뒷담화의 유혹이 괜스레 부끄러워질 때가 온다. 물론 평상시 팀장의 모습과 역할에서 존경할 것이라곤 찾아보려야 볼 수 없는 경우라면 굳이 그대가 지혜로운 뒷담화를 한들 얻을 게 뭐가 있겠는가. 그냥 두어라. 직장생활에서 뒷담화 빼면 무슨 재미가 있느냐고 되묻고 싶은 당신, 그리고 보내는 그 시간이 정말 아깝다. 다른 곳에서 열정과 재미를 다시 찾아보기를 간절히 바란다.

 임원

우선 그대가 생각하듯이 정말 그 상사가 어설프고 못된 것인지 아니면 당신만 그렇게 오해하는 것이 아닌지 신중히 판단해야 한다. 단순히 몇 년 입사 먼저 해서 무조건 그 자리에 가 있다고 생각하지 마라. 그 사람의 장점이 무엇인지도 파악하려고 노력하고 또 진정으로 문제가 있다고 생각하면 당당하게 피드백을 하는 것이 필요하다. 이 글을 본 사람들 대부분은 '어떻게 상사에게 싫은 말을 할 수 있나?'라고 처음부터 거부하는 마음이 올라오는 것도 안다.

그러나 미움받을 용기가 회사를 살리고, 그 상사를 살리고 더 중요한 것은 자신을 살리는 길이라는 것을 생각해 보았는가? 무작정 불손하게 책망하거나 따지듯이 화를 내서 얘기하라는 것이 아니다. '절대로 상사는 내 말을 받아 주지 않을 거야.'라고 지레 결론을 내리고 혼자 맘으로 상대를 무시하고 미워하면서 말도 안 꺼내고 비열하게 뒷담화를 하는 것처럼 비겁하고 찌질한 게 없다고 생각되지 않는가? 그렇게 살고 싶은가?

또는 막상 시도는 했으나 미리 겁에 질려서 몇 마디 꺼내다가 바로 포기하고는, 제대로 내용을 전달도 못한 상태로 '거봐. 내 말은 듣지도 않잖아.' 하는 것도 웃긴 모습이다. 그때 왜 그렇게 말씀하시고 행동하셨는지 윗사람으로서 존중하면서 물어보고 그때 자신이 느꼈던 의문이나 수치심이나 좌절감 등의 심정을 진실되게 전달하는 노력을 먼저 하라. 그쯤 되면 아무리 돌아이(?) 상사도 겉으로 어떤 반응을 보일지라도 내심으로는 느끼는 바가 있을 것이고 그대를 존중하게 될 것이다.

일단 말하라. 인간의 조건 중의 하나는 보복할 수 있는 의지와 능력이 있기 때문이다. 아니라면 바보이거나 성인이다. 성인이라면 다행이지만 바보라면 결국 그렇게 취급당하며 살게 되고 말 것이다. 보복은 여러 가지 형태가 있지만 가장 기본적인 것은 '싫어하는 내색'이다. 상대방도 내가 싫어하는 것은 알아야 한다. 신입사원으로서 예의상 백번 양보하더라도 적어도 이 상황을 좋아하지 않는다는 것은 표현해야 한다.

그리고 공식적으로나 비공식적으로 문제가 있는 상사에 대해서는 알릴 필요가 있다. 공식적으로는 인사 라인을 통해 부당한 것을 알리는 것이다. 인사팀의 기본 업무 중의 하나가 임원 포함 직원들에 관한 피드백을 파악하는 것이다. 비공식적으로는 타 부서의 오피니언 리더(opinion leader)에게 상담하는 것이다. 단, 이 모든 것 이전에 자신이 스스로 객관화를 하고 그것에 대해 100% 확신이 있을 때 하라. 남에 대한 공격은 신중해야 한다.

30
보고서 쓰기
: 글 좀 쓰는 것과 보고서 작성은 다르다!

 팀원

잘 쓴 보고서는 어떤 것인가요?

 팀장

당신의 질문에 답하기 전에 한 가지 질문을 하려고 한다. '보고서는 언제 필요한가?' 하는 거다. 우리가 던진 이 질문에 답을 생각하면서 지금부터 전개되는 답을 읽어 봐 주기를 바란다. 보고서는 당신만 보고 고이 저장해 두는 일기가 아니다. 보여 주기 위한 글이고 보여 주었을 때 상대가 이해할 수 있는 글이어야 한다.

즉, 쓸모가 있는 정보가 담긴 글이다. 쓸모가 있다는 것은 철저히 상사의 입장에서 보고서의 정의이나 보고서를 써야 하는 당신의 입장에서는 분명한 목적이 담긴 글이어야 한다. 문제를 제기하는 것인지, 해결하기 위한 대안이 담긴 것인지, 현상을 나열할 것인지, 현황을 분석할 것인지 등 말이다.

물론 이 모든 내용이 담긴 보고서도 있고 그게 잘 쓴 보고서이긴 하다. 그러나 이제 막 대학시험이나 과제에서나 써 봤던 리포트에서 나아가 상사가 좋아하는 보고서를 써야 한다. 대학생이니까 조금은 미숙했던 보고서도 이해해 주던 교수의 아량이 조직에는 없다.

더욱이 자신이 가르친 내용을 보고서로 받아 보는 교수님처럼 대학생의 리포트를 이해할 만한 바탕이 만들어진 상사가 꽤 드물다. 개떡같이 써도 찰떡같이 알아먹을 준비가 되어 있는 상사는 소수라는 거다.

이 때문에 그대는 보고서를 읽을 상대에 대한 파악도 먼저 해야 한다. 당신 바로 위의 상사가 아니라 그 보고서를 최종으로 읽어 보고 결재해 줄 사람의 업무에 대한 이해도를 철저하게 파악해 보라. 아주 세심하게 그대가 하는 일을 해 본 경력자인지 이 일이 처음인 상사인지를 구분해 두어야 한다. (업무를 모르고 어떻게 상사가 될 수 있느냐는 질문은 잠시 접어두자. 상사가 조직의 모든 일을 다 알 것이라는 생각은 큰 착각이다.)

그대가 쓴 보고서의 행간을 읽어낼 재간이 있는 상사이더라도 스스로 그 의미를 찾도록 숨겨진 보고서는 잘못 쓴 거다. 한번 쭉 읽어내면 머릿속에 보고의 목적이 그려지는 '질문이 없는' 글을 써야 한다. 한 번만 읽으면 이해되는 보고서여야 한다. 조직은 바쁘다. 당신의 보고서에 결재해 줄 최종 결정권자는 읽어야 할 보고서가 무수히 많다. 다시 읽어 볼 여력이 없다.

추상적이고 모호한 단어는 제외하고 있는 사실을 그대로 쓰되 연결이 매끄러워야 한다. 특히, 제일 처음 서두에 쓴 보고서의 목적이 끝장까지 흐트러짐 없이 전개되어야 한다. 쉽게 말해, 당신의 보고서는 상사의 마음을 움직이기 위한 첫 번째 카드가 되어야 한다. 그리고 매우 중요한 조언 한 가지, 이렇게 쓴 보고서가 하나 더 있는 상태에서 상사가 지시한 일정보다 조금 더 빨리 가져가면 최고 중의 최고다.

 임원

KISS 룰을 명심하라. Keep It Simple and Stupid(간결하고 정말 쉽게)! 보고서는 그 보고서를 쓰기 위한 과정의 역순이다. 즉, 보고서는 결론에 도달할 때까지의 생각의 흐름을 적는 것이 아니라 결론부터 쓰고 그 결론을 조금 설명하고 그다음 더 자세히 설명하는 완벽한 두괄식(頭括式) 문장이어야 한다. 그래서 처음 3줄만 읽어도 그 보고서의 목적이나 결론을 바로 알 수 있도록 해야 한다. 필요하면 더 읽어볼 수 있도록 뒤로 갈수록 독자의 입장에서 당연히 가질 수 있는 의문에 대한 모든 답이 포함되어 있어야 한다. 잘 모른다고 의도적으로 그 답변을 빼놓지 마라. 결국, 구두상으로라도 물어볼 테니 미리 준비하는 것이 좋다.

따라서 보고서의 완성도는 꼬리가 잘려도 문제없는 도마뱀과 같이 머리와 몸통에서 모든 것이 다 끝나야 한다. 가장 이상적인 보고서는 물론 완전성(完全性. Completeness)과 정확성(Accuracy)을 다 갖추어야 한다. 완전성은 비록 각각의 요소가 100% 완벽하지 않더도 분석에서 고려해야 할 것은 빠짐없이 포함해야 하는 것을 의미한다. 완전성은 그 보고서의 그릇 크기를 결정한다. 그릇이 크고 완전하면 팀장이나 상사의 피드백도 바로 받아들여 더 좋은 보고서로 발전할 수 있는 기반이 되는 것이다. 그런데 현실에서 실무자가 자주 실수하는 점은 부분적으로만 완벽하고 정확하게 하느라고 전체적으로 올바르게(Approximately Accurate) 하는 것을 희생하는 것이다. 이 경우 'Perfectly Wrong!'한 보고서가 만들어지는 것이다.

또한, 보고서 작성에 있어 세계적인 컨설팅그룹인 맥켄지의 MECE(Mutually Exclusive, Collectively Exhaustive) rule은 만고의 진리이다. 좋은 보고서는 우선 목적이 분명해야 하고 문제 해결을 위한 것이라면 무엇보다도 이슈 선정이 가장 중요하다. 선정된 모든 이슈는 물론이고 해결방안도 서로 겹치지 않으면서도(Mutually Exclusive) 선정된 이슈 외에는 추가로 추가할 이슈가 없어야(Collectively Exhaustive) 한다.

마지막으로 철자법과 문법에 대해서는 편집광적으로 집착하라. 아무리 좋은 내용도 맞춤법이 틀리다거나 문장의 구성이 올바르지 않다면 명품을 신문지에 싸서 파는 것과 같은 결과가 될 것이다. 사람들 대부분이 그런 마무리에 별로 신경을 쓰지 않는 중에 완벽하게 마무리된 글은 자신을 남다르게 차별화할 수 있는 좋은 결과를 가져올 수 있을 것이다.

요즘은 회사에서는 흔히 공식적인 보고서보다도 이메일을 통한 보고가 일상의 대부분이다. 이메일이라고 해서 공식 보고서와 다른 점은 아무것도 없다. 그대가 쓴 글은 당신의 의식이 이루어낸 당신의 일부이다. 더 무서운 것은 이것은 영원히 남아서 그대의 멋진(혹은 찌질한) 모습을 두고두고 만천하에 알릴 것이다. 온 힘을 다해서 공식적인 보고서와 같은 노력으로 써야 한다. 물론 이메일인 경우에는 더더욱 간결함을 유지하고 결론부터 보고하는 것이 중요하다.

31
야근하기
: 적시에 야근하기

 팀원
야근은 언제 해야 하나요?

 팀장

　회사는 처음이라서 야근해야 하는 때가 언제인지를 갈피를 잡을 수 없다면 가장 최근에 경험한 학교를 떠올려 보라. 수업시간에 갑자기 내려진 과제, 며칠 앞으로 다가온 시험, 미팅하느라 빠졌던 수업의 노트 필기, 그리고 지금 하고 있는 전공이 재미있어서 좀 더 깊이 알고 싶을 때 등이다. 이럴 때는 강의가 끝난 후 시간을 할애해 그에 맞는 과제를 해내야 한다.

　회사로 돌아오면 이런 일들의 변용은 가능하나 그대가 할 수 있는 자율성은 좀 떨어질 수 있다.

　하지만 자신이 하고 있는 일의 정기적인 패턴과 스케줄을 꽉 잡고 있다면 야근할 일은 별로 없다. 대신 야근은 이럴 때 한다. '갑자기'

와 '내가 하지 않은 혹은 하지 못한' 일들이 있을 때 발생한다. 20번 질문의 우선순위에 따라 1이나 2의 상황이 발생했을 때다. 그대가 해야 할 일이 없을 때라도 조직적으로 모두 대기해야 하는 상황이 생길 수도 있다. 야근은 그럴 때 하는 거다.

업무를 하다 보면 시시때때로 '갑자기', '예측하기 어려운' 일이 발생하고 그 과제를 해내야 할 때가 많다. 생각보다 그 업무로 본래 일과성의 일을 해내기 어려울 때가 많다. 이때는 야근을 해야 하는 당연한 이유가 생긴 셈이지만 그런 일도 없는데 매일 야근을 해야 하는 상황이라면 이 업무가 내게 맞는지 한 사람으로 할 수 있는 일인지 근무시간 내 다른 일로 에너지를 소비하고 있는 것은 아닌지 의심해 봐야 한다.

 임원

야근을 어느 때 하는가에 대한 답은 매우 쉽다. 우선 부서 내의 사정으로 무조건 해야 할 때는 고민할 필요도 없다. 그냥 남아서 시키는 일을 하면 된다. 둘째로 자신에게 주어진 일이 시간에 쫓긴다면 그 또한 하면 된다. 셋째, 자신이 할 일도 별로 없고 굳이 남으라고 하지도 않는데 부서 분위기상 남아야 할지 고민스러울 때는 일단 한두 번은 남았다가 눈치를 보고 이후에는 가능하면 남지 않도록 하라. 자신을 굳이 싸구려로 위상 정립(positioning)할 필요는 없다. 차라리 '제가 남아서 도와 드릴 일이 없느냐?'라고 물어보고 자신의 존재감을 확인하라.

마지막으로 순수하게 자신의 선택으로 야근을 할지 말지는 정말로 자신의 현명한 판단이다. 이때 가장 위험한 것은 야근의 습관화이다. 야근으로 인해 다음날 일과 중의 효율이 떨어지고 '이따 밤에 하지.'라는 태도로 있다가 또 야근, 피로. 이는 절대 피해야 할 상황이고 지속 가능하지 않은 가장 멍청한 짓이다. 특히, 여러분은 자신의 가치를 늘리는 역량(Mass) 강화를 위해 퇴근 이후 시간을 잘 활용해야 하는 것을 잊으면 안 된다.

　야근은 눈치 보고 하는 게 아니라 해야 할 때 하는 것이다. 굳이 정부시책이나 노동법상 법규를 따져 가며 야근을 피하거나 합리화하지는 마라. 지금 가장 중요한 것은 여러분의 인생이고 내 인생에 있어서 참으로 소중한 내 직장의 일이다. 정치 철학이나 법규는 바뀐다. 스스로를 구질구질하게 만들지 말고 자신의 행동을 스스로 결정하고 책임지는 진정한 사회인이 되어야 한다.

　딱히 할 일은 없는데 굳이 알아서 걱정할 필요는 없다. 요즘같이 빡빡하게 인력을 운영하는 경영 환경에서 그런 경우는 많지 않다. 왜 스트레스를 받는가? 대한민국의 90% 직장인은 야근을 하지 않아도 되는데 일하는 게 아니라 일이 있어서 하는 사람들이다.

　회사가 바쁜 곳은 두 개의 경우다. 아주 잘되고 있거나 망해가고 있는 경우이다. 하지만 이도 저도 아니라면 여유로운 회사? 이는 축하할 일이지, 고민하고 걱정할 일이 아니다. 재무 상황이 튼튼한 회사는 안정적이고 적절히 바쁘다. 잘되는 회사는 절대로 직원을 놀릴 일이 없다. 우리 회사가 망하고 있는지 아닌지는? 딱 보면 안다. 아무리 신입사원이라도.

32
야근하기
: 야근이 많은 부서 구별하기

 팀원

야근이 많은 부서는 어떤 것으로 알 수 있나요?

 팀장

야근이 많은 부서를 궁금해하는 이유부터 되물어보고자 한다. 그대는 왜 이 질문을 했는가? 다음 인사이동 시 희망부서에서 제외하고 싶어서? 여가가 없을 거라는 생각? 피곤해서 몸이 만신창이가 될 것 같으니까? 등등 이유는 많을 수 있다. 좀 더 솔직하게 얘기하면 같은 월급 받으면서 많은 시간을 들이는 일은 하기 싫은 것도 적잖은 비중을 차지하고 있을 거다.

조직의 모든 부서가 야근이 많고 과중한 업무로 매일이 야근의 연속이라면 비교 대상도 없겠지만 한 가지 확실한 것은 시간 외 근무가 많다고 업무의 만족도가 떨어질 거라는 생각을 하는 경우라면 큰 오산이다. 업무를 통해서 스스로 발전을 꾀하는 사람도 있고 회사 일을 통해서 자신의 새로운 강점을 발견해 낼 수도 있다. 애석하게도 한가하고 쉬운 업무에서 이런 좋은 점이 발현되기는 극히 힘들다.

업무를 통한 자기발전을 꾀하거나 단순히 야근이 많은 부서를 구별하기 위함의 질문의 답이라면 야근의 종류가 여러 가지가 있다는 데 초점을 두어야 한다. 앞서 말한 대로 야근을 해야만 업무를 끝낼 수 있고 프로젝트형의 업무가 많은 부서일 경우 시간 외 근무를 피하기는 어렵다. 당연한 수순이라 할 수 있고 업무를 통해서 스스로 얻어 가는 보람과 자긍심도 상당하다.

우려스러운 야근은 근무시간에는 한가하면서 시간 외 근무를 하고 있으면 성실하다는 평가를 하는 리더와 일하는 경우다. 이럴 때는 오히려 업무보다 리더가 어떤 성향인가에 따라 야근의 많고 적음이 갈음될 수 있다. 오히려 능력 없는 리더가 많은 곳에 야근이 빈번할 수 있다는 사실을 잊지 않기를 바란다. 좀 더 적나라한 현실을 알고 싶다면 그대가 속한 부서의 상사가 퇴근하지 않고 야근하는 날, 당신도 어쩔 수 없이 남아 있어야 하는 날에 회사 탐방을 떠나도 좋다.

지금까지 늦도록 일하는 또 다른 부서는 어디이며 그곳에서 야근하는 것이 합당한 상황인지를 보는 거다. 프로젝트 때문인지, 상사 때문인지, 업무 시간에 한가했기 때문인지, 3~4번만 둘러봐도 야근이 많은 부서를 가려내는 것은 물론, 그 이유까지도 파악하게 될 것이다.

 임원

질문의 의도가 무엇인가? 너무 야근하기가 싫으니 미리 알고 피할 수 있으면 피하려고?

그런 경우라면 태도가 잘못되었다. 직장과 상사는 팔자다. 결국 지나고 보면 같이 하고 싶다고 할 수 있는 것도 아니고 하기 싫다고 안 할 수 있는 것도 아니다. 야근 많은 부서를 미리 알아도 안 갈 방법도 없지 않은가? 이처럼 쓸데없는 질문으로 자신을 괴롭히지 말고 일을 배워서 자신의 실력을 키우고 직장과 사회에 기여할 수 있는 인물이 되는 데 도움이 되도록 최선을 다해 일에 전념하면 좋겠다.

33
문제 발견하기
: 새로운 업무를 맡았을 때

 팀원

새로운 업무를 맡았는데 그전에 해 왔던 방식대로 하라고 했어요. 그런데 진행하다 보니까 이전의 방식이 틀린 것을 발견했어요. 문제를 집중 분석하려면 일상적인 업무를 못할 지경이에요. 어떻게 해야 이 문제를 풀어낼 수 있을까요?

 팀장

업무 처리를 한다는 건 사람의 됨됨이와 원만한 인간관계와는 무관할 때도 있다. 인간관계에서는 착하고 좋은 사람이 좋을 수 있으나 업무에서는 꼭 그렇지만은 않을 수 있다. 이제까지 아무 문제가 없었으니 지금까지 잘해 왔을 거라는 안일한 생각이 사고를 일으킨다. 게다가 정작 사고가 발생했을 때 아무도 책임을 져 주지 않는다.

특히 사람이 좋아서 '좋은 게 좋은 거'라는 소탈한 성격의 소유자

일수록 업무에서 빈틈이 발생할 요량이 크다. 그렇다고 원만한 성격의 소유자가 다 그렇다는 투로 색안경을 끼고 볼 필요는 없다. 평상시, 그 분야에서 최고로 전문가라고 인정받는 사람들에게도 실수는 있기 마련이다. 빈틈은 여지없이 존재한다. 오히려 그 빈틈은 머리 싸매고 파고드는 초짜에게 눈에 띈다.

얼토당토않은 질문이라도 '왜'라는 질문으로 파고들면 완벽하게 처리한 업무는 없다. 이제 처음 업무를 시작하는 당신에게 위험 부담이 큰 업무일수록, 1인 담당 업무일수록 이전에 해 왔던 방식이 온전하지 않음을 전제로 분석해 볼 자세가 준비되어 있어야 한다. 잘못을 발견해 내고 '반대를 위한 반대'를 하기 위한 시비가 아니라 업무의 정확한 절차와 순리를 이해하기 위해서라도 이 과정은 매우 중요하다.

언제나 개선하고 바꾸고 새로운 것을 도입할 준비가 되어 있는지가 매우 중요하다. 그리고 지금 이 시기는 당신에게는 절호의 순간이다. 그토록 갈망했던 듣는 귀, 들을 준비가 되어 있는 혹은 수용할 줄 아는 리더를 구별할 수 있는 시간이기도 하기 때문이다.

 임원

새로운 사람이 들어와서 문제점이나 개선점을 찾아낸 것은 너무나 당연한 일이다. 입사해서 업무 시작 후 2, 3개월이 지난 후에도 그런 것이 없었다면 자신의 문제가 무엇인지 깊이 성찰할 필요가 있다. 물론 그런 아이디어를 기존 팀원들이 이미 발견해서 검토를 마치고 타당한 이유가 있어서 유지하기로 했을 수도 있다.

따라서, 자신이 발견한 것이 단순히 수박 겉핥기식이 아니라 진정으로 의미가 있는 것인지 꼼꼼히 파악할 필요가 있다. 어느 정도 확신이 생기면 퀵 스터디를 통해서 발견한 문제와 해결하기 위한 방안(소요시간, 인원, 비용, 장점 등)을 추정해서 보고한다. 그리고 이 문제를 누가 맡고 해결해 나갈 것인지를 정해 달라고 한다. (의사결정을 내려 주기를 기다린다). 이때 구두로만 끝내지 말고 보고서 혹은 이메일을 보내 놓아야 한다.

이슈를 들고 와서 개선점을 제기하는 직원이 예쁨을 받는다. 이슈 제기와 동시에 대안을 들고 올 수 있다면 베스트이다. 하지만 신입사원의 대안은 문제 제기에만 제한되고 자신이 해결할 수 없는 문제도 많다. 이 또한 경영자 입장에서는 큰 도움이 된다. 당연히 직급별로 가지고 갈 수 있는 대안에 대한 기대 정도도 다르다. 같은 문제를 두고도 대리가 제시할 수 있는 대안, 과장/팀장이 제시할 수 있는 대안이 차이가 있다는 거다. 대안이 있다는 건 주인의식이 있는 사람이라는 의미다.

그러나 문제만 제기하고 해결점이 없다는 사람들- 무조건 비판만 하거나 냉소적이고 문제 해결을 위해 고심하려는 자세가 없는 사람 -은 요주의 인물이다. 이때 바람직한 임원의 자세는 무엇일까? 문제를 발견한 직원에게 대안을 물어볼 때는 조심스럽게 다가가야 한다. 문제를 제기한 직원의 태도를 살펴보고 문제 제기만으로도 벅찬데 대안까지 제시하라고 압박한다면 그 이상의 소통이 불가능하기 때문이다. 대안을 구할 의지가 있는지 정도는 문제를 제기한 사원이 왔을 때 볼 수 있어야 한다. 이것이 미래의 경영자를 알아보는 힘이다. 문제를 가지고 가는 신입사원도 들어 줄 만한 리더에게 가져가게 되어 있다.

만약 이슈가 다른 부서에서 해결해야 하는 문제인 경우에는 일단 다른 부서에 가서 문제를 제기하고 해결점을 제안한다. 열린 마음으로 서로 토의하되 그 실행의 성과를 꼭 자신이 차지해야 한다고 생각하지 말아라. 내가 가져간 이슈 제기로 오히려 해당 부서에서는 문제를 찾은 셈이 되고 해결한 문제의 업적이 그들에게 돌아가도록 오너십을 넘겨야 한다. 그래야 문제 해결이 가능해지고 회사가 발전한다. 모두가 자신의 직장에 속한 리스크를 내가 해결해야 한다는 기조가 기본이어야 한다. 이러한 선순환은 서로가 신뢰를 바탕으로 한 조직일 때 가능하다.

요즘 기업 환경은 항공모함의 리더십이 아니라 래프팅의 리더십이 필요하다. 즉, 위험을 발견해서 보고 체계를 거쳐 내려온 지시 사항에 래프팅을 하고 있는 모든 사람이 각자에게 처하는 위험 요소를 스스로 해결해 주어야만 모두가 살 수 있는 환경이 되는 것이다. 역량이 있는 사람을 적재적소에 두고 신뢰를 기반으로 소통이 되는 조직이어야 '내가 찾은 이슈를 다른 부서에서도 해결하고자 하는 시작'이 가능하다.

좋은 사람을 선발하는 게 무엇보다 중요한 이유가 여기에 있다. 자신이 과연 그런 면에서 좋은 사람인지 자기소개서나 인터뷰 때 그토록 주장했던 주인 의식과 역량, 무엇이든 해결하고자 하는 의지가 있다면 현실에서 증명해 보라.

34
제대로 된 인정이란

 팀원

회사에서 제대로 된 인정을 못 받는 것 같아서 늘 속상해요.

 팀장

항상 질문에는 이유가 있다. 그대가 왜 이런 고민을 하게 됐는가를 생각해 보게 하는 질문이다. 먼저, 그대는 잘하고 있는데 상사가 그것을 잘 반영하지 못하고 있는 것인지 아직 당신의 역량이 보편적인 관점에서 '잘하고 있다'에 들지 못하는 것인지를 말이다.

첫 번째 이유라면, '인정을 받는다'는 것이 당신에게 어떤 의미인지를 또 한 번 생각해 보기를 바란다. 그대가 인정을 받았다고 느낄 때는 어떤 모습이 수반될 때인가를 말이다. 금전으로 평가되는 성과급과 원만한 관계에서 오는 만족감인가? 이 두 가지 경우, 함께 따라오는 경우도 있지만 공존하는 경우는 좀 드물다. 어떤 면에서는 모든 상황의 결과가 공평하고 정당하게 나타나지 않기도 한다. 말로 표현하지 않는 인정도 있다. 이런 모습은 좀 오래 걸린다. 그만큼 당신을 오래 지켜봤다는 말이기도 하다.

당장 어느 장소에서, 어느 자리에서 최고라고 치켜세워 주는 것을 너무 탐할 필요도 없다. 일희일비할 수 없는 곳이 사회생활이고 조직생활이다. 생각보다 인정적인 것 같지만 무시무시하게 냉정하고 굉장히 칼같이 날카롭고 때때로 따뜻하다. 결국, 한순간에 기뻐하거나 좌절할 필요가 없다. 그냥 그대는 지금의 그 마음으로 차분하게 맡은 일을 해나가면 된다. 아무 일도 없었다는 것처럼, 늘 그 자리에 있었던 것처럼. 한결같은 사람으로 말이다.

생각보다 많은 사람이 이를 잘하지 못한다. 가볍게 일하고 쉽게 교만해진다. 그래서 우리는 그렇게 하지 않는 사람을 인정한다. 요리조리 잔꾀를 쓰고 전략적으로 움직이는 모습으로 일해 보라. 생각보다 빠른 인정이 따라온다. (때때로 이것에 능하고 타고난 사람도 있음을 잊지 말자.) 하지만 이런 질문을 하는 지금의 '그대'라면, 타고나지는 못한 듯하다. 그대가 속한 조직에서 어떤 모습으로 포지션을 할 것인가는 당신의 몫이고 선택이다.

하나 더, 당신의 시작은 시험이든 면접이든 그 과정에서 당신을 인정한 조직이 있었기에 '지금 그곳에 있었음'을 기억하라. 그대가 좋아서 선택한 회사처럼 보이지만 결국은 조직도 그대가 필요해서 발탁한 것이다. 그대가 능력이 없어서 헤매고 있으면 그 책임은 회사에도 있다. 당신을 키울 생각, 당신을 어떻게 해서든 발전시켜야 하는 몫이 자신에게만 있다는 생각을 버려라. 그렇다고 넋 놓고 있지는 마

라. 하지만 네가 이런 질문을 한다는 것 자체에 큰 의미가 있다고 생각한다. 그대는 움직이는 사람이기 때문이다. 용기를 내고 다시 시작하라. 무엇이든.

 임원

  회사에 있는 모든 사람에게 '스스로 생각했을 때 제대로 인정받고 있는 사람이라고 생각하느냐?'라고 질문했을 때 똑같이 '그렇다.'라고 답하는 사람은 아무도 없을 것이다. 그렇다면 과연 제대로 된 인정은 어떤 것을 말하는 것인가? 스스로를 객관화할 필요가 있다.

  습관적으로 자신이 피해자인 양 회사 내에서 힘든 사람인 것처럼 스스로를 비참하게 만들지 마라. 자신을 객관화하고 제대로 보라. 그러면 내가 정말 일을 못 한 것인지 상사가 내 업적을 과소평가한 것인지에 대해서 스스로 알 수 있는 것이다. 누가 봐도 열심히 했는데 인정을 못 받은 경우라고 생각된다면 단기 평가에 일희일비하지 말고 차분히 기다리자. 조금만 해도 성과가 확 드러나는 부서가 아닌 부서에 속해 있어서 불공정한 평가가 나타난 것이라면(그 부서에 속하고 속하지 않고는 내 권한 밖의 일이다), 인정이 누구를 향하고 있으며 어느 기간의 업적에 대한 것인가를 생각해 보면 별거 아닐 수도 있다.

  즉, 단기적인 결과에 연연해 하지 말라는 것이다. 짧은 기간의 성과에 대해 찌질한 상사에게 인정받고 못 받는 것에 일희일비하지 말고 앞으로 조금만 기다려 보라. 그래도 답답하다면 하나 더 생각해 볼 것은 남의 평가와 무관하게 '지금 나는 성장하고 있는가?'를 생각해 보고 그 답이 '예스'이면 전혀 걱정할 필요가 없다. 호연지기(浩然之氣)를 가져라.

방대하고 큰 목표를 세우면 흔들릴 수가 없다. 내가 세상을 움직이고 나 때문에 세상이 돌아가는 거다. '내가 하고 있는 모든 것은 성공하고 있는 중'이라면 왜 남의 평가가 필요한가? 내가 이런 사명감으로 살아가고 있는데 찌질한 상사의 싸구려 인정이나 평가를 못 받았다고 슬퍼할 시간이 있는가?

오늘의 그대는 내일이 되면 다른 사람이 되어 있어야 한다. 지금 읽고 있는 책, 지금 만나고 있는 사람, 그리고 그대의 가치관, 이 세 가지에 따라 내일의 그대가 결정된다. 당신의 지금은 어떠한가? 지금 느끼고 있는 감정이 아니라 내가 세운 방대하고 큰 사명감에 비롯된 목표에 따라 그 방향으로 조금씩이나마 잘 가고 있는지를 봐야 한다. 끝까지 가 봐야 안다. 슬퍼하지 말고 조급하지 말고 끝까지 갑시다.

35
휴가 사용하기
: '워라밸과 눈치' 그 사이

 팀원

직장인의 활력소가 되는 휴가, 제게 주어진 권리인데도 갈 때마다 마음이 편하지만은 않아요. 눈치 안 보고 휴가 다 쓰는 계획을 세우려면 어떻게 해야 하나요?

 팀장

바쁠 때와 한가할 때 구별만 해 놓으면 만사 OK. 다른 사람들이 다 쉬고 싶을 때 근무하면 쉬고 싶을 때 쉬는 요량이 가능하다. (샌드위치 데이에 근무하기, 명절 전후 근무하기, 크리스마스 전후 등) 조직 차원에서는 한꺼번에 많은 인력이 동시에 빠지는 것이 매우 불안한 요소다.

휴가철이 다가오면 부서에서 동시에 다수 인원이 휴가 가는 것을 방지하기 위해 사전조사를 하기도 한다. 연차가 높은 직급일수록 원하는 때에 휴가를 가게 할 확률이 높아지고 신입사원의 여름휴가가 비성수기로 밀리는 것도 그 때문이다. 속한 부서의 업무가 성수기

일 때는 될 수 있는 한 휴가를 자제해야 한다. 연중 스케줄로 업무의 비성수기가 휴가를 갈 수 있는 적기인 셈이다. 그리고 긴 휴가를 계획할 때는 비행기 표부터 끊는 것이 아니라 사전에 사수나 상사와 합의가 있어야 한다.

이것은 내 휴가를 쓰는 것이지만 상사를 배려하고 휴가를 잘 쓰는 예의이기도 하다.

1년의 휴가 계획을 세워 자기 계발이나 공부를 위한 일정으로 매월 특정한 날('매월 3주차 월요일은 휴가'와 같은 형식으로)을 휴가로 삼아 눈에 띄지 않게 휴가를 활용하는 것도 한 방법이다. 이 방식은 부재 중임을 사전에 공지하고 부서원들도 인식하게 되는 날이 되어서 비정기적인 휴가보다 업무의 공백을 줄이는 데 효과적이다.

 임원

직장은 지속 가능성이 매우 중요하다. 물론 극소수 돌아이 상사는 그렇게 생각 안 할 수도 있지만 휴가 가는데 상사가 싫어하는 이유가 있다면 차분하게 그 이유를 다시 생각해 보고 자신이 옳다고 생각되는 선택을 해라. 객관적으로 휴가를 갈 수 있는 정상적인 상태인데 휴가를 가는 것 자체를 싫어하는 상사라도 휴가를 갔다 왔다고 해서 그것으로 인사에 영향을 줄 만큼은 아니다. 상사의 기분을 맞춰 주기 위해 자신의 소중한 휴식까지 양보할 필요는 없다. 상식은 물론 제도나 법도 모두 너의 편이다. 업무에서 휴식은 반드시 필요하다.

36
회의하기
: 질서 있는 소통의 장으로 만들기

 팀원

새로운 일을 시작할 때마다 무슨 회의가 이렇게도 많은지 결론도 나지 않고 협조를 구하기도 어려운 회의를 왜 개최만 하는 것인가요? 그 시간에 일을 하는 게 훨씬 나을 것 같은데 회의가 있다는 말만 들어도 머리에 쥐가 나요. 회의, 제대로 하는 방법 없나요?

 팀장

회의를 좋아하는 사람은 그다지 많지 않다. '회의'라고 시작해서 평소 지적하고 싶었던 일을 회의에서 얘기하는 사람도 있고 회의의 주제도 없이 모이라고 하는 경우도 적지 않다. 뚜렷한 목적 없이 모인 회의가 논쟁의 장이 되고 지지부진하게 길어지는 시간 때문에 회의가 꺼려지게 된다.

회의를 회의답게 할 줄 모르는 사람들의 첫 번째 이유, 회의하는 방법을 배운 적이 없다. 제대로 된 회의를 하는 방법은 다음과 같다. 회의 주최자인가, 참가자인가에 따라 역할이 달라진다. 지루한 회의를 효율적으로 하는 방법에는 다음과 같은 순서를 거치는 게 좋다.

> 회의 목적 확인하기
> : 참석해야 하는 회의인지, 아닌지를 구분하기
>
> 회의 주제와 관련된 자료 준비하기
> : 주관자가 아니어도 주제와 관련된 본인 업무 정리하기
>
> 회의 개최와 관련한 업무담당자 확인하기
> : 참석 공지
>
> 목적 외 회의 진행 시 제지하기
> : 주최자가 해야 하는 일
>
> 질문하기
>
> 회의에서 논의된 내용에 대해서는 그 자리에서 업무 분담을 한다.
>
> 다음 회의 시기 결정, 잠정 주제 전달하기
>
> win-win하는 회의 결론 내리기
>
> 회의록 공유
>
> 회의록 공유 요청하기
>
> 회의는 가능한 한 짧게 하기
> : 끝내는 시간을 정하는 것이 효율적이다.

회의를 주관할 때는 회의의 목적과 다룰 주제를 사전에 공유하고 회의에 거론되었던 내용은 회의가 끝난 후에 공유하는 것이 마땅하다. 그래서 회의의 주관자와 기록자가 매우 중요하다. 격식을 차리느라 회의의 본질을 잊는 것도 문제지만 기본 준비도 없이 회의에 참여하는 것은 회의에 함께하는 모든 사람에 대한 예의가 아니다. 회의 주관자의 목적의식이 뚜렷해야 참석자도 흔들리지 않는다.

그동안 허무맹랑하고 지리멸렬했던 회의가 있을 수밖에 없었던 이유는 회의를 주최하고 참석하는 모든 사람의 책임이다. (누구를 탓하랴.) 누구도 '이런 회의는 아니다.'라거나 '하지 말자'고 얘기한 사람이 없었다는 말도 된다. 어쩌면 회의의 주최자를 넘어 무엇이라도 얘기하는 게 반항이나 불순종처럼 보일 수 있는 조직의 분위기였을지도 모른다. 그대가 속한 조직의 성과 없는 회의는 왜 그토록 길고 지루하기만 했을까? 이제 그 문제점을 발견하기 시작한 당신에게 그 몫이 주어졌다.

 임원

주니어의 입장에서 보면 회의의 질과 무관하게 회의야말로 주니어가 자신을 피력하고 변화를 야기하고 고위 임원과 소통할 수 있는 황금 기회이다. 통상 팀장을 거치지 않고 임원에게 직접 의견을 낼 기회는 주어지지 않는다. 회의는 임원도 새로운 시각의 의견을 듣고 싶어 하기 때문에 이런 기회를 잘 활용하면 얼마나 좋을까?

현실에서 회사나 회의가 그토록 생산적이고, 재미있고, 효율적이고, 효과적인 경우는 거의 없을 것이다. 그러나 그것이 그대의 업무 성과를 높이고, 자신이 필요한 것을 알아내고, 참신한 생각을 발표하는 데 무슨 문제가 있는가? 모든 것은 그대의 마음속에 있다. 외부에 보이는 환경이 그대의 삶을 지배한다고 생각하지 마라. 매 순간은 그대가 선택하는 것이다. 남들이 싫어하고 지루해하는 회의라고 해도 덩달아 따라서 받아들이지 마라.

(주의) 회의를 할 때 회의록이 아니어도 메모하는 척이라도 해야 한다(하다못해 꽃 그림이라도 그려라). 회의에 집중하고 있는 느낌과 일하고자 하는 의지를 피력할 수 있다. 대신 끄적거린 노트의 내용을 들키지 않아야 한다는 점도 명심할 것.

37
주말 출근 연락을 받았을 때

 팀원

회사 문을 나서는 순간, 업무는 잊고 온전히 편히 쉬고 싶은 게 직장인의 한결같은 마음 아닌가요? 일과 후에도 업무와 관련된 연락을 받으면 마음이 불편한데 갑자기 '주말에 출근하라'는 문자를 받았어요. 이럴 때는 어떻게 해야 하는 건가요?

 팀장

전쟁 같은 일주일을 보내고 모처럼 한가로운 주말을 보내려던 당신에게 한 통의 문자가 왔다. 오늘 회사에 급한 업무가 생겼으니 출근하기 바란다는 내용이다. 단, 당일에 연락한 만큼 강제성은 없다는 단서가 있다. 그대는 어떤 선택을 내릴 것인가?

먼저, 지난 한 주를 돌이켜 보기를 바란다. 주말에 출근해서 처리해야 할 만큼 중요한 업무가 주중에 있었는지를 살펴보라. 짐작이 가는 업무가 있다면 우선 출근하는 쪽으로 마음이 기울어야 한다.

급한 일이 그 중요한 일과 관련된 것일 수 있다. 첫 번째 체크사항에서 걸리는 일이 없다면 새롭게 생긴 일이거나 그야말로 급작스러운 일일 수 있다. 하지만 이럴 때는 문자로 연락하지 않는다. 그 정도의 시급성이 요구되는 일이라면 출근 통지는 유선으로 함이 마땅하다.

그런데 이도 저도 할 일이 없고 그냥 쉬고자 했던 주말이라면 한 번 출근해 보는 것도 나쁘지 않다. 어차피 놀 거, 회사에서 쉬어라. 정말 급한 일이라면 그 일을 처리하느라 바쁠 것이고 그렇지 않다면 넉넉히 외출한 셈 쳐도 괜찮다. 제대로 된 상사라면 그대가 주말에 출근해 준 것에, 그것도 긴급 연락에 응해 준 것만으로도 상당한 고마움을 표현할 거다. 조직생활을 하면서 '계획하지 않은 주말 근무 통지'는 그리 많지 않다. 그래서 이번 통지가 당신에게 몇 번째인지를 놓고 고민해 볼 필요도 있다. 시도 때도 없는 긴급 통지는 신뢰가 가지 않는다. 상대의 개인 일정이나 상황을 배려하지 못하고 긴급 통지를 해야 하는 상사는 미안해하는 게 당연한 도리며 수순이다.

그리고 한 가지 팁은 평소 당신 상사의 업무 행태를 곱씹어 해석할 필요도 있겠다. 주중에는 태만한 업무를 하다가 발등에 불이 떨어져서야 주말 통지를 원하는 경우라면 사전에 잡힌 일정이나 계획을 내세워서라도 출근할 필요가 없다.

(주의) 눈치와 센스의 차이점: 자신의 주관 없이 주변의 상황과 환경에 좌지우지되는 사람 vs 주관과 중심을 갖고 행동하는 사람, 전자가 눈치를 보는 사람이고 후자가 센스가 있는 사람이라고 불린다.

결국, 센스의 기본은 눈치에 있으나 핵심은 '자신'이다.

 임원

갑자기 주말 출근을 요청하는 데에는 이유가 있을 것이다. 그 상사는 절대 괴물이 아니다. 정신병자도 아니다. 그리고 내가 연락받은 데에도 이유가 있을 것이다. 상황을 객관적으로 파악하고 결정하라.

거절할 수 있는가? 그럼 거절하고 주말을 편안한 맘으로 보내도록 (할 수 있으면) 해도 좋다. 모든 것을 고려해 볼 때 피할 수가 없다면? 피할 수 없으면 즐겨라. 가서 즐거운 마음으로 일을 완수하고 보람을 찾아보도록 해 보자.

38
이메일 쓰기
: 잘못된 메일을 보냈을 때

 팀원

하루에도 여러 통의 메일을 주고받는 업무를 하고 있어요. 특히, 외부나 다른 팀에게 보내지는 메일은 작은 문구도 몇 번이고 수정하고 확인해서 발송하는 편인데 다수에게 보내는 메일을 실수로 잘못 보낸 경우도 있었어요. 일일이 전화를 해야 하나, 다시 메일을 써야 하나 매우 고민스러웠던 기억이 나요. 이럴 때는 어떻게 하면 될까요?

 팀장

요즘에는 회사 내 메일 시스템이 잘 구축되어 있어서 발송하고 회수하기 기능을 사용할 수 있는 곳이 꽤 많다. 하지만 이메일을 잘못 보냈을 때는 '이 기능을 이용해서 회수하고 안심하는 것'은 별로 좋은 방법이 못 된다. 시스템보다 사람이 더 정확할 때도 있다는 게 이런 경우다.

잘못된 메일을 보냈을 경우에는 수신자가 되는 전부를 대상으로

재발송하고 '앞 메일은 잘못되었으니 이번 메일을 참고하라'는 내용을 꼭 명시하여야 한다. 잘못된 메일을 알고 뒤이어 보낸 메일 본문에 '회수'라는 표시만 있으면 수신자의 느낌이 그리 좋지만은 않다. 혹은 앞에 잘못 보낸 메일만 확인하고 일을 진행하는 착오가 발생할 수도 있다. (상대가 그렇게 꼼꼼하지 않다는 전제하에 스스로가 꼼꼼하게 그들을 챙겨야 한다. 일단 실수도 발송자가 한 것인 만큼 발송에 대한 책임은 발송자가 지는 것이 당연한 거다.)

한 가지 더, 전하고 싶은 말이 있을 때는 첫 번째는 직접 만나서, 전화, 메일 순이다. 만나면 눈빛과 마음, 즉 감정이 전달되는 장점이 있지만 전화는 말만 전달되어 오해의 소지가 있고(콜센터 직원에게 막 하는 이유이기도 하다) 메일은 감정도 말도 없이 글만 가니 자칫 곡해할 수 있는 소지가 매우 크기 때문이다.

 임원

이메일을 다루는 것에 있어서 주니어는 물론 고위 임원도 심심치 않게 실수를 많이 한다. 사실 말이든, 이메일이든, 글이든, 자신이 표현한 순간 자신의 일부가 드러난 것이다. 특히, 이메일은 직장에서 가장 흔하게 쓰이고 심지어는 웬만한 보고서도 거의 대체하는 수단이 되기 때문에 정말 신중하고 현명하게 써야 한다.

이메일을 보면 글쓴이의 표현력, 업무 파악 정도, 보고서 작성의 우수함, 단어 및 문장에서 드러나는 지성미와 세련미를 아주 잘 알 수 있다. 또한 그때 수신인과 참고인을 지정하는 것을 보면 조직인으로서의 고도의 판단력과 성숙도가 드러난다.

여러 명의 수신인을 지정하는 경우, 그 일이 제대로 실행될 가능성은 거의 없다. 수신인들은 다른 수신인이 할 것이라고 쉽게 믿고 만다. 또 그 일과 별 관계도 없는데 가능한 한 많은 수신인, 참고인을 지정하는 것은 매우 유치한 행위이다. 자신이 이렇게 일을 많이 한다고 알려 주려고 하는 것은 임원들도 보면 다 안다. 왜? 자기들도 해 본 거니까.

또한, 자신이 감정에 영향을 받을 때는 절대로, 절대로, 이메일을 써서 보내면 안 된다. 반드시 후회한다. 당장 이 분하고 억울한 심정으로 불타는 정의감을 알리고 싶더라도 절대로 보내면 안 된다. 그 격한 감정이 사라진 후 다시 읽어보고 객관성과 기본 예의를 다 갖춘 것을 확인하고 보내라. 잊지 마라. 메일은 기록에 남는다. 두고두고 남아서 자신의 수치스러운 모습, 열등했던 모습을 만천하에 알릴 것이다.

V
사람 다루기

회사의 임직원과 함께하는 모임, 식사시간이 있었어요. 어떤 모습과 태도를 유지해야 할까요?

39

퇴근하기
: 상사보다 먼저 퇴근하기

 팀원

다른 동기들의 말을 들어 보니 부장님과 팀장님께서 퇴근하시지 않아 일이 없음에도 7시~8시까지 퇴근을 못 하는 경우가 있는 것 같습니다. 부서마다 차이는 있겠지만 일이 없어도 남아 있는 것이 맞는지 자신이 할 일을 다 했다면 먼저 퇴근해도 상관없는지 궁금합니다.

 팀장

퇴근 시간이 되었는데도 막상 회사를 나서기 곤란한 분위기라면 그 상황에서 주도적인 역할을 하기보다는 선배들이 하는 모습을 살펴보기 바란다. 설마 이런 것에서도 평가를 할까 싶은 사항에서도 당신의 행동이 눈에 띌 수 있다. 그대는 그 부서의 새로운 얼굴이니까. 눈여겨보지 않는 듯하여도 당신의 행동 하나하나가 이야깃거리가 될 수 있는 시기인 만큼 조심해서 나쁠 것 없다. 퇴근 시간이 되었을 때 퇴근하는 게 당연함에도 칼퇴근에 대한 의아한 눈초리는 여전히 존재하고 있다.

이런 때는 퇴근 시간이 되었으니 가겠다는 모습보다 눈치 보는 듯한 모습이 보여도 될 만한 시기다. 왜 안 가고 지금까지 있느냐는 말을 들으면 갈 준비를 해 보이는 것도 괜찮다. 당신을 애먹이려고 야근하는 사람들은 아니지만 정말 일이 많거나 그들이 정시에 퇴근하는 데 익숙하지 않은 사람들일 수도 있다. 때때로 평상시에는 가까이하기 힘들었던 부장이나 팀장과 저녁을 함께하게 될 수도 있는 시간이다. 일이 없으면 퇴근하는 것이 맞다. 하지만 분위기도 보란 말이다. 살다 보면 알고 있는 상식이 통하지 않을 때도 있고 그 상식이 통하지 않는다고 해서 늘 손해만 보란 법도 아니라는 것을 알게 된다.

단, 일도 없고 퇴근 후 약속 시각은 다가온다. 그래서 분위기 따위를 보기보다는 그 시간에 맞추어 가는 게 우선인 것 같은 상황이 온다면 이렇게 질문해 보라. '약속이 있어서 먼저 들어가 봐도 될까요?'라고. 그리고 이 정도 말하는 게 부담스러우던 신입사원 시절의 퇴근 시간에서 머지않은 저녁시간의 약속은 잠시 미뤄 두어도 된다. 부담스럽게 말하고 행동하면서까지 약속을 가야 하는 상황은 조금 뒤로 해 두자는 말이다.

 임원

이 질문은 사실 고위 임원 입장에서는 별로 중요하지 않은 문제인 것 같다. 그러나 단순히 퇴근 시 눈치 보는 문제에 국한하지 않는다면 질문자가 생각하는 것보다 더 큰 의미를 내포하는 질문으로 받아들이고 싶다. 싫은 것을 눈치 보면서 표현하지 않고 혼자 삭이는 것에 대한 질문으로 해석해 보자.

현실이 이러하니, 이 정도는 감수해야 한다는 의견도 있지만 나로서는 젊은 세대의 역할을 좀 더 바란다. 싫은 게 있으면 잘못된 것이 있으면 똑 부러지게 의사표현을 했으면 좋겠다. 별일이 없는데 남아 있어야 하는 경우 싫은 내색을 할 필요도 있다. 1:1 면담 혹은 어떤 상황에 대한 의사 표현의 기회를 찾고 그 기회가 왔을 때 그에 대한 의사는 꼭 전달해야 한다. 그래야 회사도 발전이 있다. 나에게도 회사에도 도움이 되는 것은 표현해야 한다는 거다.

물론 싫은 마음을 어떻게 세련되게 표현하는가 하는 방법은 어느 정도 스스로 찾아내고 노력해서 시도해 보고 잘 안 되면 실패를 교훈 삼아서 또 개선해 보고……. 이런 과정을 거쳐 본인의 표현력도 개선되고 더 나아가 그대가 성장하는 것이다. 다만 제대로 성숙하게 표현해 보지도 못하고 그대가 무시받았다고 생각해서 말초적으로 반응하거나 생각 없이 말을 내지르면 조직인으로서 치명적이고, 그대의 상대가 누구이건, 더 무시하는 행동인 것이다.

40
일이 되어 버린 상사 챙기기

 팀원

상사 챙기기는 어느 범위까지인가요? (자녀 결혼, 돌잔치, 회식 후 데려다 주기 등)

 팀장

어디까지 선을 그어야 할지 판단하기 어려울 때는 'give & take'를 떠올려라. 이것만큼 명쾌한 답도 없다. 그런데 생각만큼 뜻대로 되지 않고 생각보다 선 긋기가 쉽지 않다. 대전제는 '내가 베푼 호의는 베풀어 준 상대를 통해서 오는 게 아니어도 돌아온다.'가 대전제가 되어야 한다. 이렇게 생각하면 참으로 마음 편하다. 어찌 보면 'give & take'는 소전제다.

이런 질문을 한 데는 함께하고 있는 상사가 당신에게 그리 친밀한 사람이 아니라는 데 있다. 관계가 잘 형성되어 있는 사이라면 이런 고민이 필요 없다. 무엇이든 함께하면 된다. 그 시간이 아깝지 않다.

하지만 이런 질문의 시작은 하고 싶지 않은 일을 해야 할 것 같은 생각이 들 때 나오는 질문이다.

이런저런 것을 다 떠나서, 회사가 아니라면 어디서든 인간관계로는 만나고 싶지 않은 상사의 경조사여도 주고 못 받는 셈 치는 게 낫다. 안 주고도 마음 편할 자신 있으면 그냥 넘겨도 된다. 단, 정말 그럴 수 있는 배짱이 있는 경우에만 그렇게 해라. 소심한 성격에 안 주고 속 끓이지 마라. 하찮은 일로 속 끓일 시간에 다른 생산적인 일을 하는 편이 낫다.

특히, 무슨 일이든 상사 대접을 받기를 원하는 사람이 있다면 '아, 저분은 그런 사람이구나.' 하고 스스로 평해 두면 된다. 평가는 당신만 당하는 게 아니다. 하지만 때때로 그저 상사이기 때문에 챙겨 주어야 할 때도 있다. 그렇지 않더라도 그 자리에 있는 사람을 배려하는 차원에서라도 그냥 베푸는 거다. 이왕 하는 거라면 즐겁게 한다. 상대가 좋아서가 아니어도 그대가 하기로 마음먹은 일에 책임을 갖고 하는 것은 그대가 어떤 일을 대하는 진정성에 달려 있다.

 임원

상사가 팀원에게 경조사나 사적인 일에서 도움을 과도하게 바라는 것이 이 질문의 핵심문제인 것 같다. 이런 경우는 그 범위, 빈도 그리고 강도 세 가지 측면에서 고려해 보자. 가장 큰 기준은 일단 '상식선에서 이해할 수 있는가'이다.

'자신의 장보기를 부탁한다'든지 하는 터무니 없는 경우가 아니라면 경조사는 일 년에 몇 번이나 있겠는가? 살다 보면 누구나 좋은 날, 나쁜 날이 있고 경조사를 겪게 되고 그때는 경황이 없어 작은 도움도 아쉬울 때가 많다. 상사도 결국 생활인일 뿐이다. 가족보다도 많은 시간을 함께하는 직장 상사에게 어쩌다 한 번 도움을 주는 것이 빈도나 강도가 심하지 않다면 해 볼 만하지 않을까? 그런 시간을 통해, 함께 공감하고 서로를 더 잘 이해하는 기회가 될지도 모른다.

내 말의 핵심은 그런 요청을 받았을 때 너무 과민 반응하지 말고 상식선에서 판단하고 처리하면 된다는 것이다. 그대가 속한 회사나 내 상사는 원래 이상하다는 생각을 전제로 하지 않아야 한다. 나 뿐만 아니라 회사에 대해서도 객관성을 유지해야 한다.

41
무소불위 선임 대하는 방법

 팀원

팀장이 없을 때 팀장처럼 행동하는 무소불위의 선임에게는 어떤 방법으로 대처해야 할까요? (그 사람이 선배이지만, 직급도 직위도 별 차이 없는 사람이에요.)

 팀장

자신보다 상급의 리더가 없을 때 리더 행세를 하는 선배, 우선 가까이 지낼 생각은 하지 마라. 오히려 상급의 리더가 있을 때 선임다운 모습을 보여주는 선배가 좋은 사람이다. 아무도 없을 때 무소불위의 모습이 되는 선배를 대할 때 그대가 취해야 할 태도는 적당한 '선 긋기'다. 사람다운 사람, 좋은 리더를 멘토로 삼고 싶은 사람일수록 그 역할을 그에게 기대하기를 접어 두기 바란다.

그리고 상사가 없는 자리에서 이전에 없던 업무나 자신의 업무를 떠넘기려 할 때 명확하게 그대가 하고 있는 업무를 확인시켜 주어야 한다. 그 후에도 계속 요구할 때는 그 업무가 어느 정도 시급한 것인지 전체 조직원이 있는 자리에서 공론화되었던 업무인지를 짚고 넘어가자. 그래도 계속하기를 종용한다면 지금은 자리를 비운 팀장의 핑계를 대면서 옆으로 미뤄 두어라(먼저 하라고 하신 업무가 있다거나, 확인하고 하겠다거나). 어떤 이유가 좋을지는 평소 그 선배가 다른 업무를 미뤄 둘 때 하던 핑계를 그대로 말해도 된다.

 임원

일단 무시한다. 결국에는 지시받은 사람이 하게 되어 있다. 일의 주인의식(ownership)은 그 일이 잘못되었을 때 가장 애가 타는 사람이 그 일의 주인이다. 가장 애가 타는 사람은 그다. 주어진다고 다 할 필요 없다는 얘기다. 물론 미움받을 용기가 필요하다. 그러나 주어진 일이 회사에 도움이 되는가를 따졌을 때 필요하다면 진행할 수 있다. 분위기상 꼭 해야 한다면 그 일을 내가 했다는 것을 표시해야 한다. 진행한 업무의 결과는 팀장에게 직접 전해 주는 것도 방법이다. (자신의 업무를 도둑당할 필요는 없다.)

42
소문은 소문에 꼬리를 물고

 팀원

직장 동료가 상사에게 거짓말을 하는 경우, 모함, 루머…. 중간에 끼인 사람이 '나'인 경우

 팀장

지위 고하를 막론하고 사실이 아닌 경우를 두고 뒷담화하는 이들은 장기적으로도 당신 가까이에 두거나 함께해서는 안 될 사람임을 명심해라. 당신도 그 이야기에 동참하는 사람이라면 상황은 크게 다르다. 하지만 그 일을 멈추지 않고 즐기는 상황이라면 머지않아 후회와 배신의 아이콘이 될 수 있다는 사실을 잊지 않기를 바란다.

자신의 이야기가 아닌 다른 사람의 어떤 소문을 들었을 때는 스스로도 놀라운 상황을 경험하게 된다. 소문의 진위를 떠나서 어떤 소문의 한 꼭지가 자신에게 도달되었다는 것에 '나도 이제 이 조직의 구성원이 되었구나, 이런 이야기를 들을 만큼 어떤 부분을 차지하고

있구나.'라고 생각하게 되기도 한다.

하지만 조직에 속한 지 얼마 되지 않은 당신에게 들려온 소문은 대개 모두가 알고 있는 내용일 수 있다. 당신만 돌랐던 이야기를 이제 들은 것일 수도 있다. 이 때문에 소문을 정보라고 착각하는 일 따위는 하지 않기를 바란다. 확인되지 않고 전해 오는, 특히 사람에 관한 이야기들은 특정 상황과 사건에 의해 굳어진 루머일 가능성도 있다. 그래서 그것을 즐겨 하는 사람과는 가까이하지 않기를 바란다는 거다.

때때로 이런 경우도 있다. 뻔히 '거짓말이고 잘못 양산된 루머인 것을 알면서도 전하고 다니는 사람'이 가까이 있을 수도 있다. 당신과 관련된- 직접 봤거나 들었거나 경험한 -이야기가 전혀 다른 이야기로 전해져 가는 모습을 보게 될 수도 있다. '내가 알고 있는 것과 다른 이야기'일 때는 진짜 그 내용이 사실인지부터 확인해 봐야 한다. 그리고 상황이나 상대에 따라서 다르게 해석된 부분은 없는지 그 상황을 아는(본, 경험한, 들은) 사람들을 찾아가 확인해야 한다.

그러면 대개 그 이야기의 근원지도 나온다. 생각보다 그 근원지가 가까이에 있는 경우가 많다. 몰랐던 사실이면 수용해야 하고 고칠 점은 바꿔야 한다. 단지, 그 상황을 아는(본, 경험한, 들은) 사람들에 의해 재해석된 경우라면 부정해야 한다. 잘못된 소문에 대한 부정은 사실 여부를 확인하기 위해 만난 사람을 통해서도 되고, 평소 친분이 있는 사람을 통해서도 된다. 사실 확인을 부정할 때는 감정에 호소해서도 안 되고(울거나 힘들어할 필요 없다.) '그런 일은 없었다.'라고 깔끔히 말하는 편이 좋다.

 소문의 근원지를 찾는 이유도 그러하다. 그 사람을 찾아가 사실이 아님을 전하고 경고를 해야 한다. 물론 그가 후에 그게 사실이 아니었음을 다시 전할 일은 없다. 그래서 때로는 기다림이 필요하다. 사실이 아님을 행동으로 보여야 하고 또 기다려야 한다. 진실은 시간이 걸리지만 알려지게 되어 있다. 조급해할 필요가 없다.

 만약 그대가 아닌 당신과 가까운 곳에 누군가가 이런 상황을 겪고 있다면 그가 해야 할 일에 도움을 줄 수도 있다. 사실을 전하는 정도는 할 수 있다. 하지만 대개의 경우는 자기 일도 아닌 것에 그렇게 열성을 보이지 않는다. 그래서 처음부터 그런 소문에 동참하거나 그런 거리를 만들어 내는 자리에 있지 말라고 하는 거다.

 임원

 결론부터 말하면 그대가 할 수 있는 것은 별로 없다. 단, 그러한 소문에 조금이라도 자신에 관한 피드백이 있다면 참고할 것인지 숙고할 필요는 있다. 또한, 자신의 의도와 다르게 비추어진 오해의 결과라고 판단되더라도 그것이 그저 거울에 비친 자기 모습일 수 있다고 인정하고 여타 평가나 피드백과 동일하게 받아들이면 된다. 거울에 비친 모습이 절대 당신의 내면을 보여 주지는 않으나 그렇다고 그것이 거짓이거나 100% 무시해서는 안 되는 것이다.

 뒷담화나 모함, 루머가 난무하는 직장을 조직 측면과 개인(실존) 측면에서 한 번 보자. 먼저 그대가 속한 조직에서 이런 경우를 자주

접한다면 건강하지 않은 조직임을 자각할 필요가 있다. 정치는 수천 년간 지속되어 왔고 사내 정치는 항상 존재하지만 성과 지향적이고 그 성과 달성을 위해서 매우 바쁜 조직이라면, 이런 식의 사내 정치가 발달할 여지를 주지 않는다. 또 이런 루머가 돈다는 것은 리더가 조직이 돌아가는 상황을 모를 때 리더가 믿는 심복이 전하는 말에만 전적으로 의지할 때 발생할 여지가 많다.

그래서 자신의 역량이나 도덕성과 관련된 루머일 때는 적극적으로 대응해야 할 때도 있지만 그런 사내 정치에 말려들지 말고 공식 채널을 통하고 업무 성과를 통해 본분을 지키는 것이 멋있는 그대의 진짜 모습이다. 상대에게 당당하게 말하지 못하고 그런 악성 루머를 만들어서 유포하고 뒷담화를 하는 인물이야말로 가장 비열한 에고(Ego)의 표상이다. 절대 자신이 그러한 수준으로 추락하지 않도록 해야 한다.

43
사적 영역을 공유하는 정도?

 팀원

개인사는 어디까지 공유해야 하는 건가요?

 팀장

누구에게나 있을 법하고 누가 들어도 부담 없는 얘기(회사 안이든 밖이든), 자신이 없는 자리에서 공론화되어도 민망하지 않은 정도의 주제면 충분하다. 이 범위 안에서도 그 한계선은 존재한다. 이를테면 자신과 관련된 경조사는 공유하고 축하받는 게 마땅하다. 그런데 그 경조사를 준비하면서 겪은 우여곡절까지는 말할 필요도, 우리가 들어 줄 필요도 없다. 그렇게 이야깃거리가 없으면 그냥 침묵하는 편이 낫다.

처음에는 별거 아닌 자신의 일상 공유가 나중에는 그 순간에 함께하지 않은 사람에게까지 공유되어 뒷담화의 성격이 될 가능성이 다분하다. 휴가를 앞두고 휴가계획을 함께 공유한 것까지는 좋았는데 이후에는 누가 어디에 갔다 왔다더라, 본래 집안이 좀 산다더라, 일은 제대로 하고 갔는지까지 번지면 처음 의도와 다른 이야기로 번지고 만다.

이런 경우도 있다. 자신의 개인사를 1부터 10까지 공유하는 사람은 공공연히 그 일로 본인이 하고 있는 업무까지 연관되어 평가를 받는 경우도 있다. 말하지 않았으면 몰랐을 일도 스스로 화를 자초하는 경우다.

 임원

개인사는 개인사일 뿐이다. 자신의 사생활을 굳이 드러낼 필요는 없다. 또한, 그대도 남의 사생활을 깊이 존중하는 태도를 가져야 한다. 물론 너무 과잉보호의 태도를 보임으로써 주변을 불편하게 할 필요도 없다. 자신이 속한 조직에서 조화롭게 지내는 것도 성숙도를 나타내는 척도가 된다.

관계를 맺지 않으면 인간의 존재 가치는 없어지기 때문에 가까운 사람과 더 가까워지고 상대의 마음을 열기 위해서라도 더 많이 공유할 필요도 있다. 한마디로 필요한 만큼 공유하면 된다. 소위 'Need-to-know basis'이다.

44
술을 못해요, 어떻게 대처하면 되나요?

 팀원

술을 못해서 술자리가 부담스러워요.

 팀장

술자리를 갖는 데는 일정의 목적이 있다. 친화일 수도 있고 격려의 장일 수도 있고 유하게 조언을 해 주고 싶은 시간일 수도 있다. 그리고 술을 마시면 부끄럽지 않게 감정의 문을 열어 놓기에 좋은 수단이라고 생각하는 경우도 많다. 그래서 '술 한잔 하자'라는 말은 '할 말이 있다'거나 '친해지고 싶다'는 표현일 수도 있다.

하지만 술을 못하는 당신, '술'로는 상대의 목적을 충족시켜 줄 수 없다. 술자리는 우리만의 시간을 가져 보자는 것이니 단순히 마시는 행위가 아니라도 시간을 갖는 게 중요하다. 당신도 편하고 상대가 부담스럽지 않으면서 술자리의 목적을 충족시켜 줄 수 있는 다른 대안을 찾으면 된다. 밥을 먹거나 차를 마시면 된다. 여유가 있는 오후 시간이나, 출근 후 업무 전에 모닝 차를 권해도 된다.

 술자리에서 나오는 이야기는 별다를 것 같은가? 조직에 관한 비밀스러운 이야기가 오고 가는 것 같아도 취하는 자리에서 얻은 정보(당장에는 고급정보인 것 같아도)는 그다지 고급스럽지 않다. 당신만 아는 내용인 줄 알았는데 아닌 경우가 꽤 많다. 그 자리에서 오가는 정보성 이야기 때문에 안달하는 것이라면 그럴 필요 없다는 거다. 진실하게, 진정성 있게, 그냥 사람이 좋아서 만나는 자리를 만들려고 노력해라. 그래야 진짜 듣고 싶은 이야기, 하고 싶은 이야기를 할 수 있다. 그것이면 충분하다.

 임원

 술을 잘 마시는 것은 'nice-to-have'에 해당한다. 즉, 잘 마시면 좋고 못 마시면 조금 불편할 뿐이다. 술을 잘 마신다는 것은 통상 많이 마실 수 있는 것, 못 마신다는 것은 전혀, 혹은 아주 조금밖에 못 마시는 것이라고 생각한다. 그러나 그 양분법이 다가 아니다. 술을 잘 마신다는 것은 많이 마실 수 있든 체질상 조금밖에 못 마시든 상관없이 자기 주량을 알고 도를 넘지 않는다는 뜻이다. 또한, 각종 술에 관해 잘 알고 또 자기의 취향을 잘 알아서 멋있게 맛있게 골라 먹을 수 있는 것이다. 또 음주 시 상대와 대화의 촉매제로 잘 활용하고 좋은 인간관계를 맺을 수 있는 훌륭한 수단으로 활용할 수 있는 능력이다.

 술을 잘 마시면 좋은 점이 많다. 무엇이든지 잘하면 좋은 점이 많다. 단, 자신이 잘 관리했을 때만 해당하는 말이다. 술 때문에 건강을 망쳐서 고통 속에 사는 사람이 얼마나 많은가? 또는 술 때문에 성희롱이나 말실수나 비윤리적인 일에 연관되어 자신의 경력에 종지부를 찍은 사람이 얼마나 많은가?

우리는 흔히 남은 잘하고 내가 못하는 것을 스스로 과장해서 약점으로 생각하고 그것 때문에 마치 자신의 운명이 실패할 수밖에 없다고 생각하는 경우가 많다. 성공의 핵심은 일단 상황을 객관적으로 인식하는 데 있다. 특히, 자신이 관련된 일은 누구나 피해 의식을 가지고 생각하는 경우가 많다. 한걸음 떨어져서 보면 자신도 역시 수십억 사람 중의 하나일 뿐이다. 항상 객관화시키는 노력을 게을리하면 안 된다.

45
여자 사람 대하기

 팀원

여자 상사, 여자 동료 대하는 게 너무 어려워요.

 팀장

성별에 따라 다르게 사람을 대할 필요는 없다. 겪어 보면 알겠지만 평소 우리가 생각해 온 전통적인 성 관념에 맞지 않는 사람들이 더 많다. 이를테면 남자보다 더 털털한 여자, 여자보다 더 세심한 남자가 존재하기 마련이다. 그것은 그들의 성향일 뿐이지 비교 대상이 될 수 있는 거리가 아니다. 그러니 여자 상사, 여자 동료도 그저 여자 사람으로 대하면 된다. 사람이 사람으로서 대할 수 있는 태도와 행동은 이미 답이 나와 있지 않은가. 다만, 공공연히 문제가 되고 있는 성과 관련된 행동과 언어 등에서는 각별한 조심을 기울일 필요가 있다.

여자 상사, 여자 동료를 대하는 게 어렵다는 사람이 꼭 남성일 거라는 생각도 큰 오산이다. 오히려 같은 동성으로서 상대를 대하기가 힘들다는 이도 꽤 있다. 여자니까, 남자니까 하는 생각으로 상대를 평가하는 틀을 마음속에 두고 있는 것은 아닌지 자신의 성 인지에 대해서도 다시 생각해 볼 일이다.

성별에 따라 오랫동안 용인되어 온 나쁜 성향들을 이용해서는 안 된다. 쉽게 수용되어 오고 배려받는 것처럼 보였지만 속으로는 가장 안 좋은 평가를 하는 행동 중의 하나가 회사에서 '눈물을 보이는' 거다. 자신의 약함을 너무 쉽게 드러내는 이와 같은 일은 하지 말자.

 임원

남자 입장에서 상사나 동료가 여자라서 힘들다고 하는 것은 우선 자신에게 문제가 있다고 생각하라. 그대는 아마도 격렬히 부인하겠지만 한국인에게 뿌리 깊은 남존여비의 사고방식일 가능성이 높다. 자기도 모르게 형성된 여성에 대한 관념, 즉 여자는 남자보다 못하고 (심지어는 항상 못나야만 하고) 태생적으로 우월한 남자를 '감히' 위에서 지시하는 것이 받아들이기 어려운 것이다.

또한, 사람은 누구나 자신의 열등감을 느끼기 싫어 우월감을 내세워 상대를 평가절하하는 경향이 있다. 자신보다 잘난 여성을 보면 무조건 자신보다 못한 점을 찾아내서 내 위에 있을 자격이 없다고 단정해 버리는 경향이 있는 것이다. 상사가 풍부한 감성을 표현하면 너무 감정적이라고 매도하고 냉혹한 모습을 보이면 속 좁다고 하는 식이다.

또는 자신은 인지를 못 한 것일 수도 있지만 여성을 '이성'으로 대하는 무의식 때문에 저도 모르게 마음이 불편해지는 것인지도 모른다. 단순히 여성인 사람으로 대하면 될 일이다. 상사가 여성이라면 이미 그대의 상사라는 것만으로도 그대보다 우월한 위치에 있는 것이다. 인정하라. 그대보다 경험도 많고 책임감도 더 느끼고 있고 시야도 넓을 가능성이 많다. 그리고 결정권자이다.

그렇다면 본 질문을 성별 문제가 아니라 '남녀를 불문하고 너무 까다롭거나 상대하기가 어려운 상사나 동료를 어떻게 상대하는 것이 좋을까?' 하는 질문으로 바꾸어 보자.

첫째, 일단 당분간은 불가근불가원(不可近不可遠) 등거리(等距離)정책, 너무 멀리하지도 말고 너무 가까이하지도 말라. 싫다고 너무 멀리하면 그 또한 매우 위험한 결과를 낳을 수 있다. 그렇다고 굳이 무리해서 가까이하다가는 큰코다칠 수도 있다.

둘째, 지나친 경우 싫은 내색을 분명히 하라. 싫은 내색에는 여러 가지 단계가 있다. 소송을 하거나 죽기 살기로 대들고 싸우는 극단이 있는가 하면 다른 극단으로는 단순히 그 순간에는 웃음을 멈추고 답변을 최소화하는 것이 있다. 늘 노골적으로 싸우라는 것이 아니라 적어도 '나는 그대가 지금 하고 있는 행태를 용인하지 않는다'는 사실을 알려 줄 필요가 있다. 그리고 더는 넘어오지 말라는 자신만의 마지노선을 무언(無言)으로라도 알려야 하는 것이다.

인간이 동물과 다른 것은 보복 능력이라고 한다. 싫어하는 반응도 하나의 보복이다.

마지막으로 어떤 경우에도 자신의 정체성을 유지하라. 상황에 따라 상대의 지위 고하에 따라 '이건 내가 아닌데' 하면서 비굴하게 끌

사람 다루기

려다니지도 말고 열등감에 사로잡혀 근거 없이 적대적으로 대하지 말아야 한다. 세상의 중심은 나다. 나는 나, 이대로일 뿐이다.

46
임원을 대하는 방법

 팀원

회사의 임직원과 함께하는 모임, 식사시간이 있었어요. 어떤 모습과 태도를 유지해야 할까요?

 팀장

웃는 얼굴이면 모든 것이 해결된다. 임직원과 함께하는 식사는 그리 무겁지 않은 시간이다. 그런데 괜히 마음이 무거워진다. 무엇을 말해야 할까, 업무를 물어보면 어떻게 하나 등등 고민이 많을 수 있다. 그런데 식사자리에서 무게감 있는 주제가 올려지는 일은 드물다. 그렇다 하더라도 그대가 하고 있는 일이나 오랫동안 공론화되어 온 거리일 가능성이 많다.

그래서 말할 거리가 없으면 웃으라는 거다. 실없는 사람처럼 보여도 좌중이 함께 웃을 수 있는 소재 하나만 있으면 충분하다. 이를테면 임원은 모를 것 같은 핫플레이스를 소개한다거나 재미있는 이야기를 공유하거나 하는 정도면 된다. 그것을 자신의 일과 연관시킬 수 있으면 금상첨화다.

그리고 너무 멀리 앉지 말기를 바란다. 대개 임원이 말을 건넬까 무엇이라도 물어볼까 걱정되어서 구석진 자리에 앉고 싶겠지만 임원과 함께할 수 있는 식사 자리는 그리 많지 않다. 그래도 마음이 어려우면 어른이 되면서 차츰 대화가 사라진 아버지(아버지와 비슷한 연령대인 아저씨)와 함께하는 자리라고 생각하면 된다. 아버지와 하고 싶었던 주제, 아버지는 모를 것 같지만 재미있는 거리, 아버지는 안 가보셨을 것 같은 장소, 내가 주말에 하고 싶은 일 등을 얘기하는 정도면 된다.

임원들은 식사 자리에서 그리 많은 것을 바라지 않는다. 생각보다 일 얘기도 그리 기대하지 않는다. 그들도 오히려 거리가 없어서 고민일 거다. 그래서 호구조사- 어디 사는지, 가족은 몇 명인지, 고향은 어디인지 등 -를 하는 거라고 생각하면 그들과 어떤 얘기를 풀어가야 할지 답이 나온다. 의외로 이렇게 이야기를 풀어 간 사람을 그들도 기억한다.

 임원

일단 앉는 위치부터 생각해 보자. 신입사원은 가장 먼저 회식 장소에 도착하는 것이 예의일 것이다. 그런데 우리나라는 대부분의 회식 자리에서 앉을 때는 먼저 온 사람일수록 나름 좋은 자리랍시고 고위 임원과 가장 멀리 떨어진 자리에 앉는데 이는 가장 멍청한 짓이다.

  자신이 속한 조직의 리더이고 인생의 선배이고 가장 경험도 많고 시야도 높은 사람 옆자리에 앉을 기회를 왜 쓰레기통에 버리는가? 지금 회사에서 돌아가는 따끈따끈한 얘기를 직접 듣고 싶지 않은가? 자신의 존재도 알리고 미래의 멘토가 될 수도 있는 분을 직접 인터뷰하고 싶지 않은가?

  왜 신입사원은 항상 '변방의 북소리'로 남아 있어야만 하는가? 만약 마음속에 그런 것이 '윗사람한테 꼬리 친다', '여우 짓이다'등으로 비난을 받을까 두려운 거라면 그렇게 생각하는 바로 그대 자신의 불순한 의도와 열등감을 잘 성찰해 보시라.

  일단 회식자리에서는 통상 두 가지 형태의 말할 기회가 있을 것이다. 앉아서 하는 'Sit-down 식탁 스피치'와 신입사원으로서 소개를 하는 'Stand-up 스피치'이다. 전자는 'small talk'를 잘해야 하는 것이다. 작지만 분명한 목소리로 혼자서 대화를 독점하지 않고 주고받는 대화를 해나가는 것이다. 주제가 무겁지 않고 유익하면 금상첨화이다. 후자는 일어서서 큰 목소리로 기억할 수 있도록 두세 개의 주제를 짧게 전달하는 것이다.

소질문1: 옆자리 선임에게 참신한 아이디어를 제안했으나 그 일을 맡게 되거나, 다른 부서의 업무로 내려가서 오히려 타인들의 불만을 사게 되는 경우는 어떻게 해야 하나요?

소답변1: 자기가 뒤집어쓰면 큰 문제가 아니다. 추후에라도 말했던 것을 1페이지로 아이디어를 정리하여 이상적인 목적, 방법론, 필요 자원 등을 팀장에게 정리해서 보고하는 정도로 끝날 확률이 높다. 팀장이나 임원이 관심을 두게 되어 그 일이 잘되면 애당초 그 아이디어를 낸 그대의 공이 될 것이다. 그러나 다른 부서에 의도치 않게 전달이 되었다면 적극적으로 협조하고 그 공도 다 돌려주어야 한다. 그 과정에서 사람들은 다 알게 될 것이다. 그대의 노력과 헌신성을.

소질문2: 임원이 인격적으로 나쁜 사람이라서 가까이하기 싫은 경우?

소답변2: 사람은 눈의 구조상 바로 옆을 보기가 가장 어렵다. 가까이 앉을수록 사각지대이니 그 역시 관심을 피할 수도 있다. 가까이 앉아 있다고 해서 꼭 얘기해야 하는 것은 아니다. 아무리 싫어도 그래도 여전히 살아 있는 권력이다. 그저 앉아서 맞장구치고 끄덕끄덕하면 충분히 그날은 넘길 수 있을 것이다.

47
잡다한 업무의 결과, 낮은 성과평가

 팀원

열심히 일했는데 만족스럽지 못한 평가, 너무 짜증이 납니다. 부서의 온갖 잡다한 일은 제가 다하는데 평가는 제일 낮으니까요. 또 이렇게 1년을 보내야 한다고 생각하니까 밤에 잠도 오지 않습니다.

 팀장

합리적인 경우라면 개인의 평가는 결과가 나오기 이전에 평가자와 피평가자 간 논의 과정이 있어야 한다. 업무 계획에 따른 수행이 잘 된 경우인지 아닌지를 평가를 받는 사람과 평가를 하는 사람 간에 합의한 결과물이야 하기 때문이다. 하지만 이처럼 불만이 생긴 경우는 그렇지 않았거나 이와 같은 행위(당사자 간 논의)는 있었을지라도 그 가운데서 제대로 의견을 피력하지 못한 경우일 수 있다. 그래서 이미 결론이 난 평가에 대해서는 털어내는 수밖에 없다. 다만, 다음 평가를 위해서는 지금 행동으로 옮겨야 하는 것이 있다.

먼저, 평가자를 찾아가 이 결과에 대해서 정중하게 조언을 구해야 한다. 어떤 업무를 개선하고 수행하면 더 나은 평가를 받을 수 있는 것인지를 물어보라는 말이다. 단순히, 평가 결과에 대해서 불만을 제기하는 사람으로 보이지 않을 방법이다. 후일을 도모하는 잠재 발전 가능성이 있는 직원으로 제일 먼저 눈도장을 찍는 것이기도 하다.

다만, 이런 논의가 가능한 평가자인지를 구별해야 한다(이 정도의 논의가 가능한 상사가 생각보다 드물다). 지금도 여전히 평가자는 이런 과정이 자신이 가진 권력이자 권위라고 생각하는 경우일 수도 있다. 그럼에도 찾아가서 여쭤 보는 행위는 중요하다. 예의를 다 갖추어야 한다. 평가자의 성향이나 성품을 떠나서 이번에 평가를 잘 받지 못한 직원에 대한 평가자에게 심리적 부채를 얹어 주기 위함이다.

 임원

조직에서 인사권자인 매니저가 하는 평가는 두 가지가 있다. 하나는 역량(잠재성) 평가와 업무 실적 평가이다. 우선 자신이 받았던 평가가 이 둘 중 어디에 속하는지 확실히 알고 있어야 한다. 전자는 업무지식, 팀워크, 협동 정신, 외국어 능력, 판단력, 신뢰성, 도덕성, follower-ship(좋은 리더가 되기 이전에 훌륭한 follower가 되어야 한다), 기대 관리 능력, 성숙도, 소통기술(communication skill), 긍정적 태도, 승자의 마음가짐, 열정, 정열 등이고 후자는 이번 평가 기간 내에

약속했던 KPI(주요성과지표. key performance indicator)의 실행 정도, 주어진 업무의 완성도, 특정 프로젝트에 기여한 정도, 제출한 보고서의 우수성 등이다.

그대가 명문대, 인기 학과 출신으로 승승장구(乘勝長驅)해 왔다고 해서 그리고 나름대로 열심히 일했다고 해서 상사가 당신을 꼭 우수 직원으로 평가해야 한다고 착각하지 마라. 창의적인 제안을 많이 했다고 해서 미래의 임원감으로서 모두가 알아줘야 한다고 기대하지 마라. 기업은 학교가 아니고 이익 집단이다. 열심히 한 것은 과정으로서 존중되기도 하지만 좋은 제안은 반드시 구체화하여야 하고 또 잘 구체화한 계획도 잘 실행되어서 매출을 증대시키고 이익을 내는 등 결과가 따라 주어야 한다.

따라서 자신이 열심히 한 노력이 이 중에 어디에 기여했고 아이디어부터 실제 이익의 실현까지 관여된 수많은 직원 중에서 자신의 기여도 비중이 얼마만큼인지 평가자의 입장에서 주인의식을 가지고 진지하게 생각해 보라. 특히 하지 말아야 할 것은 나보다 명백히 못나고 못했다고 확신하는 그 누군가가 자기보다 좋은 평가를 받았다고 분노와 모멸감에 사로잡히는 것이다. 한두 개의 사례에 비추어 본 상대적인 평가에 그렇게 반응하는 것은 절대 객관적인 태도가 아니다.

그리고 평가자에게 가기보다는 먼저 동료, 상사, 선배들에게 자신을 객관적으로 평가해 달라고 부탁해 보라. 그때 자신은 진솔한 평가, 아픈 결과(brutal reality)에 따른 상처를 받아들일 준비와 용기가 필요하다. 그렇게 하고 나서도 분명 평가가 잘못되었다는 확신이 생기면 1차 평가자인 팀장 그리고 최종 평가자인 임원을 만나 얘기할 필요가 있다. 아니 얘기해야 한다. 그래서 좀 더 구체적으로 자신에 관한 피드백을 듣고 오해가 있으면 풀고 알릴 것은 알려야 한다.

48
상사와 일대일 대화
: 면담의 요건

 팀원

부장, 팀장과 1:1 면담은 어디까지 터놓아야 하나요?

 팀장

면담을 먼저 요청할 수도 있고 들어올 수도 있다. 전자라면 자신이 면담에 임하는 목적이 뚜렷한 것이므로 무엇을 얘기할 것인지에 대한 고민은 없다. 후자라면 좀 고민이 된다. 어떤 연유에서 면담이 시작됐는지부터 파악해야 한다. 정기적인 면담인지 업무에 대한 문제 상황 때문인지 관계 형성을 위한 관심의 표현인지 등을 말이다.

업무에 관한 것이라면 있는 사실을 감정의 가감 없이 얘기하면 된다. 관계 형성을 위한 관심의 표현에 의한 면담이면 적당한 수긍과 공감으로 끝낼 수 있다. 크게 고민하거나 문제시할 필요 없다. 오히려 가장 고민이 되는 게 정기적인 면담이다. 업무, 개인사, 고민, 향후 계획 등을 다 물어본다. 얘기하다 보면 숨기고 싶었던 내 패를 다 보여 주고 오는 느낌이 들 때도 있다. 아무것도 하지 않은 것 같은데 말실수한 것 같은 이상한 느낌이 들 수 있는 면담이 이럴 때다.

사람들은 저마다 직접 드러내지 않은(못한) 성향의 패가 있다. 그 히든카드가 정체를 모르는 상대에게 패배를 안겨 주는 결정타가 된다. 상사가 제안하는 면담에 임할 때는 상대의 의도를 읽을 줄 알아야 한다. '의도'라는 게 특별한 건 아니다. 상사의 성향을 미리 파악해 두라는 거다(하루아침에 이루어지지 않는다, 관찰과 관찰, 당신과 함께하는 상사에 대해 그 정도는 예의라고 생각하고 한번 해 보라).

모든 구성원이 다 알고 있는 모습 말고 아무도 모르지만 세심하게 관찰한 뒤에 얻은 상사의 모습을 미리 찾아두라는 거다. 이미 그대는 그의 마음을 읽을 수 있는 준비를 해둔 셈이다. 그에게 맞게 어디까지 터놓으면 될지를 고민하는 게 맞다. 같은 말이라도 어떻게 말할지에 대한 방안도 떠오를 것이다.

 임원

윗사람과의 일대일 면담은 누구에게나 심적 부담이 된다. 자신이 면담을 요청한 경우라면 다르지만 상사의 요청이면 당연 걱정될 것이다. 회사의 인사관리 규정상 상사가 직원을 정기적으로 면담하게 되어 있는 공식적 면담이라면 솔직하고 성실하게 답변하면 된다.

이런 경우 통상 체크 리스트가 있고 상식적으로 보아도 꼭 필요한 질문이고 원하면 더 깊은 대화를 끌어낼 수 있도록 되어 있다. 혹은 이 자리가 상사가 칭찬 혹은 피드백을 주는 자리일 수가 있다. 잘 들고 자신의 태도나 업무에 반영하면 된다. 최악의 경우 해고 통보일 수도 있다. 미리 어쩌겠는가? 담담히 받아들이든 격렬히 저항하고 싸우든 본인 최선의 판단에 따라 대응하면 된다. 결국, 자신이 통제하지 못하는 것에 미리 근심, 걱정하지 말고 자신감을 가지고 자신의 모습과 진심을 정확히 전달할 수 있도록 자신이 할 수 있는 일에만 집중하면 된다.

일대일 면담은 두 가지를 하는 자리이다. 우선 메시지를 서로 전달하는 소통의 자리이다. 둘째, 평가받는 자리이다. 따라서 침착하고 성숙하면서도 솔직하게 행동해야 한다. 여기서 잊지 말아야 할 것은 '쌍방의 평가를 위한 자리'라는 것이다. 나도 상사를 평가하는 자리로 삼는 것이다. 상사에 대해 좀 더 잘 이해하는 좋은 기회라고 생각하면 마음도 차분해지고 자연스럽게 질문도 떠오른다.

신입사원, 주니어라고 스스로를 과소평가할 필요가 없다. 단순히 상사라고 과대평가할 필요도 없다. 때로는 주니어의 힘이 세다. 상사는 주니어들의 평가로 쫓겨나기도 한다. 그리고 임원들 대부분은 그것을 잘 알고 있다. 어때, 좀 맘이 편해지는가?

49
의미 있는 한턱내기

 팀원

지금은 대개 선배, 사수, 부장님과 함께 밥을 먹거나 차를 마실 때는 제 돈을 쓰기보다는 받게 되는 경우가 더 많아요. 특히, 누군가와 밥을 먹으면 으레 그분이 사는 것으로 생각하게 되는 사람도 있어요. 고맙기도 하고 미안하기도 해서 밥을 사 주시면 후식은 제가 살 때도 있지만 가끔은 그 일이 너무 사소해서 잊힐 때도 있습니다. 의미 있고 기억에 남는 '한턱 쏘기'를 하고 싶을 때는 어떻게 하면 될까요?

 팀장

한턱을 낼 때는 명분과 목적이 있어야 의미도 있고 기억에도 남는다. 개인적으로 공돈이 생겼을 때 기분이 좋을 때 등 지극히 사적인 것으로 한턱을 내더라도 그 사항이 공유되어 있지 않으면 그 명분으로 한턱을 내는 것은 별로 의미가 없다. 공유되어 있는 사항으로 함께 기뻐해 줄 수 있는 여지, 즉 명분이 있어야 한턱이 의미 있다.

저 사람이 무엇 때문에 한턱을 내는 것인지도 모르고 '오늘은 내가 쏜다'는 식의 즉흥적인 한턱은 만만한 사람이 되기 딱 좋은 행동이다. 내 돈 쓰기는 아깝고 그냥 넘기기는 아쉬운 점심 식사 후 티타임에서 지갑을 여는 사람이 그대가 될 가능성이 크다는 얘기다. 날을 정하고 의미를 정해서 이날은 내가 쏜다고 해야 돈 쓸 줄 아는 사람이 되는 거다.

시기도 잘 정해야 한다. 개인과 관련된 평가나 업무 공적을 가려야 하는 때에 즉흥적인 한턱은 아무 말이 없을수록 꿍꿍이가 담겼다는 점에서 쓰고도 욕먹는 일이 될 거라는 데 주의를 기울이기 바란다.

 임원

돈은 너무나 소중한 것이다. 돈을 진심으로 사랑하고 부자를 좋아하고 진심으로 주변에, 사회에, 고객에, 직장에 도움이 되는 일을 하면 돈이 저절로 와서 풍요로워진다. 또 돈을 자신과 동등하게 존중하고 돈을 쓸 때 정말 즐겁고 감사한 마음으로 소중하게 써야 부자로 남아 있을 수가 있다. 그대는 절대 돈의 하수인이 아니고 또 돈 위에 있는 위대한 인물도 아니다.

또 아무리 돈이 많아도 막 쓰고, 남에게 한턱낼 때도 무시하는 마음으로 하거나 우쭐대는 마음으로 하면 잘못 쓰는 것이다. 아무리 돈이 부족하다고 느껴도 돈에 비굴해져서 정말 자신을 위해, 가족을 위해, 동료를 위해 꼭 필요한데도 아끼는 것 역시 돈을 낭비하는 것과 똑같이 나쁘다.

위 내용을 이해하고 공감한다면 자연스럽게 방법이 생각날 것이다. 모든 일이 그렇듯이 방법과 때가 중요하다. 한국의 상황에서는 상사가 좋아할 만한 적당한 맛집을 발굴하고 입사 1주년이나 회사 일과 연관된 '뭔가 의미 있는 거리'를 찾아 모시는 것도 한 가지 예일 것이다.

상사가 뭘 좋아하는지 모른다고? 그대는 더 이상 달라기만 하는 어린이가 아니고 어른이다. 윗사람에게 관심 가져 달라고만 하지 말고 자신도 상사에게 관심을 기울여 봄이 어떠한가? 연애할 때 상대의 관심거리에 집중해서 정보를 알아내는 노력의 1/10만으로도 파악할 수 있을 것이다. 상사가 좋아하는 식성, 취미, 성향 등을 평소 대화 때 귀담아듣고 기억해 두었다가 활용하면 얼마나 좋아하겠는가? 진심은 반드시 알려지는 법이다.

50
업무를 모르는 팀장님과 일하기

 팀원

공부하지 않는 상사, 답답합니다. 팀원이 팀장을 가르친다는 게 말이 되나요? (업무를 모르는 팀장과 일하기가 너무 지칩니다.)

 팀장

모든 리더가 팀원보다 우수할 것이라는 생각은 큰 착각이다. 고객의 요구도 내부 소통의 흐름도 빠르게 변화하는 시점에서 무엇보다 조직의 구성원 간 세대가 달라지는 곳일수록 배우지 않는- 혹은 배우지 않으려는 -리더의 모습이 종종 보일 수 있다. '공부하지 않는다'는 불만은 그대의 물음에 적극적으로 혹은 즉각적으로 답하지 못하는 리더를 만났기 때문일 것이다. 신입사원 정도의 업무를 파악하고 있는 리더를 보았을 때 할 수 있는 불평이다.

그러면 이제 그대가 그 리더가 제대로 업무를 처리할 수 있도록 인도해 주어야 한다. 가르쳐 준다기보다는 '넌지시 일깨워 준다'는 게

사람 다루기 199

더 정확한 답일 거다. 이럴 때는 신입사원의 위치를 십분 활용하여 질문에 질문을 거듭하는 거다. 그리고 그에 대한 리더의 반응을 보면 된다. 신입사원의 질문에 답을 찾으려는 노력은 보이고 있는지 그 질문에 대한 답을 신입사원이 스스로 찾는 것으로 넘겨 버리는지를 말이다.

전자라면 매우 희망적이다. 여기까지 간다면 이미 그대는 리더를 움직이게 하였다. 더 나아가서는 이미 질문하기 전부터 갖고 있던 당신만의 답으로 공감대가 형성될 수도 있고 논의의 장이 만들어질 수도 있다. 사실, 공부하는 리더의 기본 자질은 '경청'과 '공감'에서 시작된다. 듣고 움직였다면 매우 긍정적이나 기억하지도 답을 찾아주지도 않는 리더라면 스스로를 더욱 단련시킬 것을 적극적으로 권장한다. 그리고 그 리더 말고도 가르침을 줄 리더는 곳곳에 있다. '질문하는 그대'라면 그런 사람을 쉽게 찾아낼 수도 있다.

한 가지 더, 신입사원에 지나지 않는 그대가 보기에도 공부하지 않는 리더의 시간은 얼마 남지 않았다고 해도 과언이 아니다. 하지만 그런 리더가 속한 조직에서 승승장구한다면 무엇 때문에 그러한지를 구별해 볼 필요가 있다. 리더의 자리에 있기까지 당신 위에 있는 리더가 어떤 모습으로 이제까지 인정받아 왔는지를 가늠해 볼 수 있다면 앞으로 그대가 얼마나 더 그 조직에 머물면 될지를 짐작하게 하는 계산이 나올 수 있기 때문이다.

사실 어떨 때는 답을 알고서도 하는 질문이 있을 수도 있다. 그대가 제대로 파악하고 있는지 보기 위해서. 그러나 이 경우라면 그대가 위의 질문을 하지는 않았을 것으로 짐작된다. 가장 중요한 사실은 먼저, 공부하지 않는 상사를 비판하기에 앞서 자신을 돌아볼 때 '나는 공부하는 신입사원인가'를 질문해 보아야 한다.

 임원

신입사원이 보기에도 업무를 모르고 뒤떨어지는 팀장이 있다는 것은 쉽지 않은 경우다. 이 상황이 그대에게 절박하고 간절한 문제는 아니다. 오히려 그 팀장으로 인해 존재감이 드러나는 기회가 많아지고 승진이 빨라질 수도 있고 또 팀장이 곧 바뀔 수도 있다. 그대는 어떠한가? 학교를 마치고 입사 준비를 한 그대는 지금은 신선하고 따끈따끈한 지식으로 무장되어 있다. 그러나 10년, 20년 뒤에도 지금의 그 팀장처럼 되지 않고 지속해서 지식을 업데이트하고 자신을 개발해 나갈 자신이 있는지를 고민해라.

51
상사 행세하는 선배

 팀원

같은 직급과 직위인데, 몇 년 선배라고 상사 행세를 해요. 팀장이 없으면, 팀장 험담을 가장 많이 하는 사람도 그분입니다. 이럴 때는 어떻게 해야 하나요?

 팀장

그런 사람과 친분을 유지할 생각을 하지 마라. 아무리 능력과 재간이 뛰어난 사람이라도 인간적으로 매우 곤란한 사람이다. 그런 모습이 눈에 거슬리기 시작했다면 그 사람과 어떤 모습에서든 친밀을 유지하는 행위를 하지 말라고 충고한다. 당신의 질문이 그와 관계를 잘하고 싶다는 생각에서 비롯된 것이라면 그 고민은 접어두고 다른 일에 고민하는 게 더 낫다.

선배의 권위를 인정하지 않자는 게 아니라 오래 길들여져 온 군림하는 습성이 몸에 밴 그는 조직에서 가까이하지 않아도 된다. 드러나지 않는 거리감을 두되 의식적으로라도 친해지려는 행동은 하지 않아도 된다. 상사가 없을 때 선배의 권위 행사가 정당한 책임감인지 군림인지를 꼭 구별해라.

리더의 권위를 사용하는 만큼 리더에게도 쉽게 군림당하는 사람이다. (상사가 없는 자리에서 가장 많은 뒷담화를 하는 사람이 '그'라는 점에 주목할 필요가 있다.) 당장 상사 앞에서는 그렇게 강단 있는 행위를 할 수 있는 사람이 아니다. 혹시 팀장이 자리를 비운 사이 이런 선배가 업무를 지시한다면 그간 해야 하는 일의 순서를 나열하고 당장 해야 할 것과 하지 않아야 할 것으로 구분해서 알려 주어라. 팀장에게 확인하고 처리하겠다는 말을 해도 좋다.

팀장이 지시하지 않은 열외의 일이나 자기 일을 전가하려고 할 때는 더욱 명확하게 해야 한다. 반박할 수 있는 경분 없이 일을 해야 할 때는 공론화하고(다 모인 회의 자리에서 말하고) 회신 시에도 꼭 참조를 걸어 모두 볼 수 있는 메일로 전달한다. 자잘하고 하찮은 일, 성과가 눈에 띄지 않는 일일수록 더욱 그러해야 한다. (그대가 우려하는 그 선배는 그 자잘함의 업적도 자신의 것으로 삼고자 하는 사람이기 때문이다.)

 임원

선배는 입사나 인생의 선배일 뿐이지 전문 직업인으로는 동료일 뿐이다. 직장생활 하면서 5년 10년을 뛰어넘는 경우도 많다. 큰 의미 둘 필요 없다. 불가근 불가원(不可近 不可遠). 더 중요한 것은 선배의 모습이 자신의 모습일 수도 있음을 인지하는 것이다. 그대는 미래에 몇 년 후배를 존중하고 그 후배가 자신보다 낫다는 것을 진정으로 인정하고 더 나아가 존경할 수 있는가?

52
부정적인 인식의 근원지

 팀원

함께 일하는 사람 중에는 일에 대한 지식은 있는데 말만 하면 부정적인 말을 하는 사람이라서 불편해질 때가 많아요. 농담처럼 던진 말이 부정적인 사람, 새로운 일을 시작할 때 부정부터 하고 보는 사람이 있어요. '반대를 위한 반대를 하고 있다'는 느낌이 들 때도 있고 그런 분위기는 쉽게 물들기 마련이잖아요. 이럴 때는 어떻게 해야 하나요?

 팀장

'일 잘하는 사람은 있어도 성품 좋은 사람은 많지 않은 것 같다'는 생각이 들 때가 있다. 채용을 하는 과정 중에도 다 기본 이상의 스펙을 지니고 있으니 다면평가에 치중하겠다고 얘기하는 것도 이 때문이다.

말에는 상당한 영향력이 있다. 마음으로 나쁜 생각을 품고 있으면서 겉모습은 선하게 할 수 있는 사람은 많지 않다. 수려한 언행으로

덮고 덮어도 언제이고 속마음이 드러난다. 감추지 않고 드러내 보인 부정적인 시각과 표현은 감추지 않았기에 자신 본연의 속마음은 덜 힘들지 몰라도 주변 사람과 환경을 부정적인 분위기로 물들인다. 동료들이 아닌 줄 알면서도 동조하고 있고 싫으면서도 내색하지 못하는 상황이 되면 부정적인 시각과 태도로 여러 사람에게 영향력을 행사한 셈이다.

영향력이 좋은 것만 있는 게 아니다. 한 마디의 부정이 열 사람의 마음에 뿌리 박힌다. 모든 것을 좋게 보자는 무대책의 긍정 주의가 아니더라도 일단 '아니요'는 매우 위험한 생각이다. 질문을 할 정도까지 만드는 부정적인 언행의 상대라면 이미 상당한 부정적인 영향력을 행사하고 있다는 거다. 리더가 새로운 업무를 지시할 때, 위기 상황이 발생했을 때, 과중한 업무가 닥쳤을 때 등 평소 업무와 다른 모습의 일이 생겼을 때 부정이 합리화될 수 있는 여지는 상당하다. 하지만 그때마다 부정으로 답해서는 안 된다.

그대는 부정의 분위기를 선도하는 상대가 싫어졌음이 분명하다. 부정보다는 한번 해 보자는 마음이 더 강한 사람일 수도 있고 무엇보다도 말이 주는 영향력을 잘 아는 사람이기에 이 상황이 탐탁지 않을 수도 있다. 그렇다고 그 상대를 대면하고 '그건 아니다'라고 말하기는 부담스러운 것이 사실이다. 이럴 때는 '저 일은 이런 면에서도 생각해 볼 필요가 있어요.'라든가 '그 부분은 이런 점이 반영된 것은 아닐까요?'라고 지극히 객관적인 모습이지만 무한히 긍정으로 상상할 수 있는 여지를 던져주는 게 당신의 역할이다.

 임원

　회사에서 가장 먼저 솎아내서 제거해야 하는 암적인 존재는 냉소적인 사람이다. 일관되게 냉소적이고 부정적인 사람으로서 항상 회사의 잘못된 부분만을 보면서 매우 논리적으로 따박따박 지적을 한다. 물론 아무런 대안도 제시하지는 못하고 오로지 회사가 나쁘다는 것을 증명하는 데 몰두한다. 그 특정 일을 묘사하는 데 있어서 별로 틀린 말이 없고 겉보기에는 똑똑하고 논리적인 것처럼 보인다. 전체적으로는 다 틀리고 부분만 완벽한 경우다.

　마음 저변에는 그런 자신의 직장이 안타깝고 어떻게든 개선하고 싶은 소위 '주인의식'이 전혀 없다는 것이 문제이다. 이상적인 회사가 갖추어야 할 것이 10개라면 이 중 7개가 완벽해도 늘 부족한 3개만 바라보는 사람이다. 그런 직원은 직급을 막론하고 빛의 속도로 잘라내야 하는 사람이다.

　그런 사람은 똑똑해 보이지만 절대 어울리면 안 된다. 나쁜 에너지를 뿡뿡 풍기면서 그대를 물들일 것이다. 인주를 가까이하면 붉게 되고 먹을 가까이하면 검게 된다. (근주자적近朱者赤, 근묵자흑近墨者黑.)

　직장이건 개인 생활이건 주변에는 항상 의식 수준이 높고 좋은 사람을 가까이하는 것이 좋다.

53
부정적인 이미지 메이킹 피하기
: 조직 내 낙인효과

 팀원

조직에서 일하다 보면 어떤 사람을 두고 일관된 평가와 고정 관념을 두는 경우를 많이 발견하게 됐어요. 어떤 면에서는 정당하게 일을 하는 경우도 '그 사람'이기 때문에 '그럴 줄 알았다'는 반응을 보일 때는 옆에서 봐도 안타까울 때가 있어요. 저는 누구에게나 함께 일하고 싶은 사람이었으면 하는 욕심이 있는데 일하면서 '이런 낙인은 피해야 한다'는 것이 있다면 어떤 것인가요?

 팀장

조직의 성향을 떠나서 어느 조직이든 보편적으로 튀는 사람을 별로 좋아하지 않는다. 보수적인 성향이 큰 곳이라면 두말할 나위도 없다. 조금 눈에 띄는 의상을 입고 와도 하루아침에 그날의 옷차림이 사람들 입방아에 오르락내리락하고 있으니 말이다.

그동안 해 온 것에 대한 반론을 제기할 때, 문제점을 보고할 때,

획기적인 대안을 제안할 때는 신중해야 한다. '튀는 정도'는 조직에 따라 매우 상대적인 것으로 여기에서는 무난한 것이, 저곳에서는 매우 개성적인 것일 수도 있다.

크게는 조직 차원에서 시작해 '속한 부서, 부장, 팀장의 성향'으로 내려오면서 그 분위기가 어떠한지를 먼저 파악해 볼 필요가 있다. 주장을 할 때도 설득될 만한 분위기와 배경을 알고 이에 맞게 조절할 줄 아는 게 노련한 일꾼이다. 공감대 형성이 가능해야 수용할 수 있다.

 임원

불공평해 보일지라도 그런 부정적인 이미지를 고정관념으로 가지게 된 것은 결국 그 사람의 행동에서 최소 몇 번은 일관되게 부정적인 행위나 결과가 있었기 때문이라는 것을 이해할 필요가 있다. 그걸 해결하는 길은 '결자해지(結者解之)', 결국 그 사람 몫이다.

하지만 그대 스스로 남들의 그런 평가에 무조건 휩쓸리지 않고 부정적인 이미지의 사람이 정당한 일을 했다고 평가할 수 있다는 객관성과 성숙함에 만족할 필요가 있다. 반면교사로 삼아 나중에 리더가 되었을 때 객관적인 평가를 할 수 있는 사람으로 성장하길 바란다.

자신의 이미지 메이킹은 1단계는 무엇보다도 밝은 표정과 예의 바른 행위이다. 이건 지속적이어야 하고 2단계는 일관성 있게 좋은 업무 성과로 보여 줘야 한다. 이것이 정도(正道)이다. 그래야만 열심히 하다 보면 발생하는 중간중간의 실수는 '정도를 걸어온 대가'로 묻어지게 된다.

54
책임을 회피하는 상사를 만났을 때

 팀원

맡은 업무에서 문제가 발생했는데 신입사원인 제가 했다고 하면 문책이 줄어든다면서 그 책임을 미루려고 해요. 이럴 때는 어떻게 해야 하나요?

 팀장

새로운 업무를 맡았을 때 이전의 방식이 맞지 않을 수도 있다는 전제하에 개선 사항을 발견하기 위해 힘써야 한다고 했다. 문제를 발견하면 전임자를 탓하기 위해서가 아니라 이제부터는 그렇게 하지 않기 위해서라는 발전적인 대안을 찾기 위함이기도 했다. 그렇다면 문제를 발견한 상황에서 그 책임은 누구에게 있을까? 문제 발견의 몫은 팀원에게 있지만 해결과 책임은 상사(전임 상사이든)에게 있다. 의사결정권이 그에게 있기 때문이다.

조직에서 리더가 되어 갈수록 힘든 이유도 여기에 있다. 의무와 책임이 커지기 때문이다. 그런데 적지 않게 리더의 권리는 누리면서 의무를 다하지 않으려는 상사도 발견하곤 한다. 이들의 모습은 위기 상황에서 더욱 두드러진다. 평소에는 인품도 좋고 인격적인 리더였는데 문제가 발생하고 책임 소재를 운운할 때는 한발을 떼고 다른 사람을 떠미는 격의 모습을 드러내는 경우도 있다.

사실, 가장 좋은 모습은 문제가 발생하기 전에 문제의 소지를 알고 방지하는 것이다. 그때 이미 팀원과 팀장이 이 상황을 공유하고 추가 문제 발생의 여지도 파악해 두었을 것이다. 어떤 문제에 대해 회피하는 행위 자체가 리더로서의 자격 상실이다. 책임을 지지 않으려 한다는 것은 팀 업무에 대한 태만이 아닐 수 없다. 팀원 입장에서 팀장이 책임을 회피하는 경우 그다음 차상급자에게 찾아가 이 상황을 공유해야 한다. 그도 비슷한 반응이라면 또 다음 상급자를 찾아가야 한다.

그러나 사실상 신입사원으로서 팀장, 그다음, 그다음 리더까지 마주하기란 쉽지 않다. 그래서 지금까지의 과정을 기록으로 남기도록 해야 한다. 문제점과 나름대로의 해결방안까지, 그리고 무엇보다도 중요한 것은 기록을 남기게 된 이유이다. 이 정도까지 오게 되면 이후 업무가 무척이나 어렵다. 서로가 데면데면해진다. 그러나 그 책임이 당신에게 있지 않음을 알아주는 이도 있을 것이다. 직장생활은 길다. 다른 부서의 다른 업무로 이동하는 기회를 기다리며 그곳으로 가는 데 필요한 역량을 차곡차곡 쌓아 나감이 바람직하다.

 임원

통상 매우 심각한 문제를 신입사원에게 떠넘길 수는 없다. 사원의 징계까지 갈 수 있는 일을 막무가내로 떠넘기지는 않을 것이다. 그러니 사소한 것은 그냥 받아들이는 것도 방법의 하나다. 팀장이 빚진 게 있으니 다음에 찾아 먹어라. 만약 정말 중요한 사안에 대해서 떠넘긴다면 그 기회에 팀장을 넘어 윗사람을 만날 기회로 삼아라. 드디어 그를 날려 버릴 기회가 찾아온 것이다. 그런 파렴치한 팀장은 제거되어야 한다.

VI
경력 쌓기

조직에서 인사는 정말 상자를 열어보기 전까지는 알 수 없는 것 같았어요. '카더라'로 통하는 무성한 소식을 믿지는 않지만 납득하기 어려운 인사- 특히, 승진 -는 단순히 정치력 때문인가요? 인사를 좌지우지하는 윗분들은 아랫사람들이 이야기하는 진실에는 귀를 닫는 것인가요?

55
일도 하고 능력도 쌓는 그들

 팀원

일과 중에 제 일을 처리하기에도 너무 바쁜데 대학원을 다니고 자격증을 따고 대단한 사람들이 참 많은 것 같아요. 그래서 가만히 관찰해 보니 2~3년 차가 되는 대리 전 직급들이 주로 대학원을 많이 가는 것 같던데 일하면서 대학원, 자격증 그렇게 중요한가요? 대체 그들은 어떤 시간을 내어 공부하는 것이죠? 저만 뒤처지고 있는 것 같아 겁이 납니다. 사실, 저는 공부를 더 해야겠다는 목적도 그다지 없거든요.

 팀장

자기 계발을 하는 사람이 눈에 들어오기 시작했다는 것은 이제 당신의 업무에 대해서는 걱정거리가 덜어졌다는 얘기이기도 하다. 만약, 업무가 과중하거나 몰두해야 하는 과제가 산적하다면 눈에 들어올 리 만무하다. 때때로 안타깝게도 당신의 업무는 과중한데 상대의 업무는 그렇지 않아서 조바심이 날 때도 이런 상황이 만들어지기도 한다.

조직에서 같은 직급의 일을 하는 사람이 모두 비슷한 업무에서 비슷한 무게감으로 일하는 것은 아니다. 또한, 같은 일을 해도 업무에 두는 비중이 다른 사람도 있다. 그것은 선택의 문제다. 100의 일을 할 것인가, 120의 일을 할 것인가. 그도 아니면 80으로 일할 것인가를 말이다. 하지만 업무를 게을리하고 자기 계발을 하는 시간을 찾겠다는 심산은 금방 드러난다. 그것을 용인할 리더는 없다.

그러나 평가는 사실 다른 얘기다. 적당히 일하고 자기 계발을 한 사람과 열심히 일하느라 자기 계발의 시간을 갖지 못한 경우 후자가 좋은 평가를 받지 못할 때도 잦다. 같은 시간을 두고 조직의 일도 자기 일도 잘 해내는 사람에게 눈길을 주는 게 조직이다.

그러면 또다시 나오는 이야기가 업무의 경중이다. 여기에 대해서는 일과 내에 할 수 없는 일을 당신에게 맡겼을 때는(일시적인 경우가 아닌 장기적이고 지속적인 경우일 때) 인력 충원을 요청하는 게 마땅하다. 그래서 자기 일에 대해서도 잘 알고 있어야 한다는 거다. 처음부터 경한 일을 맡았을 수도 있고 과중한 업무를 맡았을 수도 있는 거다. 묵묵히 해내다가는 그대가 지친다. 지쳐서 나가떨어지는 것은 조직이 원하는 바가 아니다. 지혜롭게 요구하는 방법을 터득해야 하는 것도 단순히 일을 잘하기 위해서가 아니라 자신의 계발과 조직의 성장을 위해서도 필요한 일이 된다.

한편, 비슷한 일을 하고 있는데 누구는 자기 계발도 하고 업무도 해낸다. 그대는 그렇지 못하다면 그것은 우선순위가 다르기 때문이다. 업무를 하느라 힘들었으니 휴식을 취해야 한다는 생각과 에너지를 분배해 공부나 자기 계발을 하겠다는 것은 가치의 문제다.

어쩌면 그대는 이제 가치와 우선순위를 다시 생각해 볼 시점이 된 거다. 당신의 관찰 대상에 들어온 그 상대도 할 말이 많을 거다(시간을 쪼갰고 잠을 포기했고 남들이 놀 때 공부했다고). 당신의 심리적 라이벌을 시기 상대로 삼지 말고 부러움의 대상으로 삼고 스스로 하고 싶은 일과 우선순위를 다시 정해 보기 바란다.

 임원

자기 계발은 F=M■a에서 M의 크기를 조금씩 키우는 것이다. 여기서 어학 능력, 석박사 학위, 전문 분야의 자격증 등 M은 그 본질상 단시간에 커지는 것이 아니다. 직장인으로서 이를 성취하기 위해서는 점적천석(漸積穿石: 물방울이 바위를 뚫다), 마부위침(磨斧爲針: 도끼를 갈아 바늘을 만든다)의 자세로 공부해야 한다.

가장 좋은 것은 매일 일찍 출근하여 1시간씩 하루도 빠지지 말고 공부를 하는 것이다. 여기서 습관의 위대한 힘을 느끼게 될 것이다. 여기서 임계치(臨界値, Critical Mass)를 넘어서야만 한다. 즉, 단기간에는 어떤 성과도 없을 것이다. 어학 공부라면 적어도 하루도 쉬지 않고 매일 반년 이상 공부해야 그 성과가 나타난다.

그리고 직장인이 아니라 무엇을 하건 자신의 발전을 위해 적어도 하루에 이 정도는 노력해야 함을 명심하라. M은 자산이다. 계속 유지 보수(maintenance)하지 않고 가만히 놓아두면 자연 소모되고 감가상각이 일어나 어느 틈엔가 눈에 띄게 작아지고 결과적으로 성과 (F)도 작아진다.

　주변에 명문대를 나오고 똑똑했던 사람이 나중에 천하에 멍청한 놈으로 전락하는 것을 한두 번 보았는가? M을 키우려고 한다면 정말로 선택과 집중을 하되 마라톤을 하는 심정으로 공부를 벗삼아 적어도 3년 이상은 투자하여 천천히 그러나 확실하게 해야 한다.

소질문1: 경력 관리는 항상 스트레스 해소를 위한 여가나 건강 관리를 위한 시간 관리와 충돌이 생깁니다. 이렇게 쌓이기만 하는 스트레스를 해소하지 않으면 죽을 것 같아요. 무엇이 우선이지요?

소답변1: 업무, 자기 계발 그리고 건강 관리는 모두 선택사항이 아니라 필수이다. 스티븐 코비의 명저 『the seven habits of highly effective people (성공하는 사람들의 7가지 습관)』에서는 즉시 성과(P: Production)와 이를 해낼 수 있는 지속 가능한 생산능력(PC: Production Capacity)을 두 가지 관점에서 관심을 가지도록 말한다.

또한 정신적, 영적, 육체적 3가지 측면에서 항상 노력하라고 하는데 100% 맞는 말이다. 업무에 성과를 내면서도 건강을 잃지 않고 정신적인 안정을 유지하는, 즉 지속할 수 있게 가치 있는 삶을 유지하는 것은 살아가면서 한순간도 잊어서는 안 된다. 그런 면에서 꼭 해야 하는 것이 있다면 단 일주일이라도 걸러서는 안 된다.

그중 한 가지 방법으로 자신만의 '시간을 훔치는 기술(the art

of stealing the time)'을 익히도록 하라. 즉, 촘촘히 짜여 있는 자신의 일과 중에서도 조그마한 틈이 있으면 그것을 이용해서 꼭 해야 하는 것을 빼먹지 않고 실행하는 것이다. 예를 들어 회의와 회의 중에 이동 시 계단을 이용해서 꼭 해야 하는 체력관리를 한다거나 출퇴근 시 지하철에서 목표한 영어공부를 한다거나 하는 것이다. 그러기 위해서는 대부분의 중요한 일정을 습관화하는 것이 매우 중요하다. 그래야만 가장 효율적으로 또 효과적으로 빈틈을 만들어 내서 이용할 수가 있다.

요체는 건강, 가족관계, 자기 계발 등 자신의 인생에서 중요한 것을 절대로 뒤로 미루지 말라는 것이다. 우리에게 내일은 없다. 오늘이 쌓인 것이 바로 내일이고 그것이 다시 오늘인 것이다.

그리고 잊지 말아야 할 부분은 이 과정이 그대를 학대하는 게 아니라 매 순간 자신을 사랑하고 아껴 주는 시간이 되어야 한다는 거다. 따라서 일주일에 하루 정도는 반드시 지친 나를 위해 선물 같은 하루를 준비하도록 노력하라.

56
비호감 부서 가려내기

 팀원

일한 지 1년이 넘어가니 다른 업무, 다른 부서의 일도 눈에 들어오기 시작합니다. 그런데 이왕 다른 일을 하는 거라면 좋은(?) 부서에 가고 싶습니다. 회사 내 기피 부서는 어떻게 구별하나요?

 팀장

다수의 사람이 기피하는 부서에는 다양한 이유가 있다. 이를테면 자신의 성향과 업무 태도에 따라 사람들이 손꼽는 기피 부서가 '나에게는 기피할 부서가 아닌 경우'도 있다. 어렵고 복잡해서 힘은 들어도 일이 좋으면 괜찮은 사람인지 관계가 힘들면 일도 하기 싫은 사람인지 모두 다 고개를 내젓는 사람이라도 자신에게 잘 맞는 상사가 있는 곳인지 등이다.

즉, 때에 따라 다르다는 거다. 사람들이 좋지 않다고 평가하는 부서를 곧이곧대로 믿는 게 위험한 생각일 수 있다는 데 있다. 사소한 업무가 많아서 평상시 매우 바쁘다거나 그 부서의 리더가 몰상식하다거나 보편적으로 기피 대상이 되는 업무가 있는 부서도 상당하다. 그런데 만약, 이 기피 부서를 가려내어 최대한 그곳을 피해 볼 심산이라면 자신의 재능과 기질을 먼저 파악해 보는 것이 좋다. 그래야 자신에게 맞지 않는 부서, '나의 기피 부서'를 구별할 수 있다.

 임원

너무 앞서 생각하지 말기를 바란다. 내가 몸담고 있는 분야가 5년, 10년 후 어떻게 될지 모른다. 그대가 대하는 임원들 대부분은 이제 곧 사라질 사람이라는 점을 잊지 마라. 팀장도 오래갈 사람이 아니다. 내가 전문가로 성장하기 위한 핵심역량(backbone, 등뼈)을 쌓아가는 데 좋은 최적의 부서를 생각해라. 인생은 피할수록 더 어려워진다. 기피 부서 생각하지 말고 정면 승부하라.

57
희망 부서는 '희망'인가요?

 팀원

부서를 옮겼는데 희망했던 부서로 발령 나지 않았어요. 차후를 위해서 지금 해 놓아야 하는 일은 없을까요?

 팀장

희망했던 부서에 가지 못한 데 먼저 애석한 마음을 보낸다. 그대가 희망했던 '그곳'은 어떤 일을 하는 부서인가? 왜 희망했는가를 돌이켜 보기 위해서다. 아마도 해 보고 싶은 일이 있어서 혹은 일이 편하거나 사람들이 좋아서 또는 돋보이는 업적을 남길 수 있어서 등 그 부서를 경험하지 않고 전해 들은 이야기를 통해 가고 싶은 부서를 생각해 냈을 것이다. 여기서 한 가지 짚고 가야 할 것은 그대가 생각하는 그것은 외부에서 본 모습인지라 생각과 다른 부분이 꽤 많다는 데 있다. 그렇기에 희망하지 않았던 지금의 부서를 바라봤던 당신의 생각도 왜곡되어 있을 수 있다.

단, 모든 것을 떠나서 희망했던 부서에서 하고 싶었던 '어떤 업무'가 있었던 경우라면 지금의 일을 잘해내야 한다. 지금 발령이 난 부서에서 희망했던 부서와 연관될 수 있는 업무라면 더욱 성실하게 수행해야 한다. 당신 자신을 곁에 두고 싶은 팀원으로 만들어 가야 한다. 우연히도 지금의 일이 당신에게 제격일 수도 있다. 그때에도 처음의 그 부서가 마음에 남으면 그곳으로 가야 한다. 그래서 지금 있는 곳에서 최선의 모습을 보여 주라는 거다. 실력 있는 팀원이 되어야 어디서든 탐을 낸다. 섣불리 인사팀장님에게 다음에 가고 싶은 곳을 미리 말해 두는 여우 짓은 삼가자. 지금은 성실한 능력으로 보여 줄 때다.

 임원

직장에서 무엇인가 잘 안 풀릴 때 먼저 할 것은 그대의 초심(初心)을 점검하는 것이다. 그대의 인생에서 원하는 것, 그대가 성장하고 싶은 분야, 그대의 행복을 추구하는 데 필요한 것 등등.

희망부서, 자신의 경력을 개발하고 싶은 분야가 확실하다면 그 분야를 계속 공부하고 그 분야를 계속 파악하고 그 분야(부서) 사람을 계속 만나라. 무엇을 걱정하는가? 시간은 그대 편이다. 지금 그대가 하는 일은 설사 궁극적으로 자신이 원하는 분야가 아닐지라도 주니어로서의 경험은 무엇이라도 미래의 성공을 위한 보약이다.

58
승진하기
: 인정받은 결과?!

 팀원

조직에서 인사는 정말 상자를 열어보기 전까지는 알 수 없는 것 같았어요. '카더라'로 통하는 무성한 소식을 믿지는 않지만 납득하기 어려운 인사- 특히, 승진 -는 단순히 정치력 때문인가요? 인사를 좌지우지하는 윗분들은 아랫사람들이 이야기하는 진실에는 귀를 닫는 것인가요?

 팀장

승진과 관련해서 이 법칙을 빠뜨릴 수 없다. 특정 분야의 업무를 잘해낼 경우 그 능력을 인정받아 승진하게 되는데 직위가 높아질수록 오히려 능률과 효율성이 상대적으로 떨어지고 급기야 무능력한 수준에까지 이르게 된다는 '피터의 법칙'이다.

미국 컬럼비아대학 로렌스 피터 교수는 1969년 수백 건의 무능력 사례를 연구한 결과 무능력자의 승진이 위계조직에서 보편적으로 나타나고 있음을 밝혀냈다. 그의 연구는 승진이라는 체계가 자기가 잘하던 일에서 못하는 일로 옮겨 가는 과정이라고 설명한다. 즉, 조직에서 일을 열심히 해 능력을 인정받은 사람은 승진을 하게 되지만 승진한 지위에 오른 그 사람은 새로운 업무에 대해서는 전혀 경험과 지식이 없는 신입이 된다. 이후 다시 일을 열심히 배워 일에 능숙해지게 되면 또다시 승진하게 되어 업무의 능률이 떨어지는 일이 반복된다는 것이다.

그래서 조직에서 승진은 자신의 무능을 보여주는 데까지 오를 수 있다는 얘기로 해석되기도 한다. 성품이나 관계에서도 인정받지 못하는 누군가가 단순히 정치력으로만 어떤 직위에 가게 됐다면 이제는 무능을 보여 줄 단계가 된 것인지도 모른다. 조직 내의 어느 단계까지는 일만 잘하면 되는 경우도 적지는 않지만 더 높은 단계의 직위로 올라가기까지는 성품과 관계, 업무적 능력이 모두 조화를 이루어야 한다는 점에서 쉽지 않다.

그러나 안타깝게도 그렇게 좋은 사람이 승진도 빠르다는 것은 의외로 드문 일이다. 여기서 좋은 사람이 '좋은 게 좋은 사람'은 아니다. 이와 같은 사람의 승진은 그에게 걸맞는 리더를 만나는 순간, 그동안의 느림을 보상받는 경우가 생긴다. 너무 조급해하지 말라, 어차피 제대로 인정해 주는 리더, 조직 안에서 일하는 게 바람직하다.

더는 오를 데가 없다? 그러면 스스로 새로운 분야를 개척하거나 CEO가 되는 수밖에. 그런데 그 때 그대의 무능이 나타난다면 매우 곤경에 처하게 될 거라는 모순이 존재한다. 지금 있는 그 자리에서 최선을 다하라.

 임원

중견관리자까지의 승진은 성실성과 능력이 주요 기준이 되지만 직급이 높아질수록 그 외의 여러 요인이 작용하는 것이 현실이다. 이를 흔히 운이나, 아부 능력이거나, 사내 정치력이나, 소위 '빽'이라고 하는 든든한 배경 등이라고 하고, 승진에 누락된 사람은 성실성과 능력 유무와 관계없이 이런 것을 이유로 대며 자신을 위로하거나, 애써 승진자를 끌어내리거나, 그런 자들을 보면서 대리만족을 느끼기도 한다. 어쩌겠는가? 현실이 그런 것을. 살면서 왜 모든 것이 (내 기준에서) 공정하고 (내 기준에서) 합리적이고 나에게만 유리한 결과가 나와야 하는가? 그 또한 엄청난 독재이고 탐욕이다.

내 삶은 내 것이니까 내가 통제할 수 있는 것에만 집중하면 된다. 어찌하려 해도 내가 통제할 수 없는 것에 불안하고 긴장하고 두려워하고 분노하지 말고 지금 내가 할 수 있는 것에 최선을 다하자. 덧붙여서 그대가 생각하는 의심, 즉 '저 팀장은 아부(阿附)만 잘하는데 이번에 부장이 되었다.' 정말 그럴까? 그대가 본 모습이 그것만이었을 수 있으나 이전의 모습을 못 본 것일 수 있다. 진짜 일하는 모습을 볼 기회가 있었는가?

한 면으로만 사람을 모두 평가할 수는 없다. 그대가 본 모습이 전부가 아닐 수도 있다.

그대가 생각하는 그대의 아버지가 당신의 직장 사장님 앞에서 하는 행동을 보면 매우 낯설고 심지어는 수치스럽게 느낄 수도 있다. 그럼 그 면만 보고 아버지를 전체적으로 평가할 것인가?

아부하는 모습만 보면 이 세상 모든 조직이 다 그런 것 같다. 직장에서 매니저는 정치를 하지 않지만 정무를 할 능력(감각)은 있어야 한다. 그렇게 해서라도 상사의 신임을 얻지 못하면 정작 필요할 때 경영진의 지원을 받을 수 없고 자신을 위해 일하는 직원들을 보호해 주고 키워주지 못한다.

즉, 궁극적으로 무엇을 위해서 상사의 비위를 맞추려고 하고 있고 가능하면 적을 만들지 않으려 하는지 한번 눈여겨볼 일이다. 자기만 살려고 하는 아부인지 일을 되게 만들려고 하는 사람의 아부인지를 구별해 봐야 하는 것이다.

그리고 그대는 정말 그것을 꼭 '아부(阿附)'라고 불러야 하는가? 윗사람도 사람이다. 부하 직원으로부터도 인정도 받고 싶고 잘한 것은 칭찬받고 싶은 인간이다. 상사의 기분이 좋도록 노력하는 것이 왜 100% 사악한 행위라고만 생각하고 싶은가?

59
승진하기
: 승진에 탈락했을 때

 팀원

조직에는 항상 특이한 타이틀을 다는 사람이 있다. 그중에서도 본인은 물론, 주변 사람들까지 울렁울렁하게 만드는 타이틀 중의 하나가 '최연소, 최초, 유일한' 등이다. 무한경쟁시대에 엄청난 타이틀이다. 부러운 건 어쩔 수 없다. (부럽다는 표현은 그나마 긍정적이다. 시기나 질투로 이어진다면….)

 팀장

이번 승진 인사에는 '누가 될 줄 알았는데 아니더라.' 하는 것은 인사가 났을 때마다 흔히 있는 이야기다. 물론 그 일의 당사자 마음이야 아깝고 억울하기도 하고 속상할 테지만 결과를 번복할 수는 없다. 당연히 다음 기회를 기다려야 한다.

이왕 기다릴 거, 어떤 태도를 보일지는 이미 답이 나와 있다. 먼저, 될 뻔했던 승진 인사에서 탈락했더라도 기존의 일에 대한 자신

경력 쌓기

감과 열정은 그대로여야 한다. 언제든지 그 자리에 갈 수 있는 사람이라는 자존감으로 그전과 같이 해 나가면 된다. 대개는 승진 인사 후에 힐링을 핑계로 휴가를 가기도 하고 주변 사람에게 내색을 하기도 하고 리더들과 더 가까이 지내려는 모습을 보이기도 한다. 꼼수나 정략으로 그 자리에 갈 수 있을 것이라 생각하지 마라. 된 사람에게는 건승을, 자신에게는 격려를 보냄이 마땅하다. (부러우면 부러운 대로 그냥 두어라.)

자신의 인생을 살아가면서 고난과 역경을 이겨낸 사람들은 인생을 마라톤이라고도 하고 꽃과 같다고도 한다. 단시간에 끝나는 것도 아니고 한 번 피었다고 늘 싱싱하고 아름다운 것만도 아니라는 것을 말이다. 누구에게나 기회는 있다. 그리고 온다. 자신이 '한창'일 때가 저마다 다를 뿐이다.

 임원

직장생활을 오래 할수록 대부분 스스로가 불공평한 인사의 피해자라고 믿게 된다. 일견 맞기도 하고 틀리기도 한다. 일생 직장생활 내내 승진할 수 있는 자릿수는 승진대상자보다 항상 작을 수밖에 없으니 승진에서 탈락하면 누구나 피해를 보았다고 믿고 그것을 평생을 '꽁'하게 가지고 살아가게 된다.

그럼 한 번도 탈락 안 하고 동기 중에 1번으로 계속 승진해서 살아왔다면 성공한 직장생활일까? 아마도 40대에 회사를 떠나고 너무 헤비급이 되어서 다른 직장에서도 환영받지 못할 경우가 대부분일 것이다. 어쩌면 거의 끝 무렵에 승진해서 정년을 조금 앞두고 명예롭게 임원이 되어 평안하게 정년 퇴임하는 것이 삶의 질 면에서 더 나을 수가 있을 것이다.

조직생활에서의 승진은 일회성 게임이 아니다. 평생을 꾸준히 성장하고 급격한 불경기의 희생양이 되지 않고 자신의 능력만큼 인정받으면서 가능한 한 오랫동안 직장생활 하는 것이 더 좋을 수도 있다는 것을 생각해 보라.

역사적으로 모든 조직에서 누구나 동의할 정도로 인사가 공평했던 적은 한 번도 없었다. 실적을 중시할 수밖에 없는 민간기업일수록 성과를 반영하여 승진을 시키겠지만 과연 그 성과가 정말로 100% 그 사람의 능력이나 노력의 결과라고 볼 수 있을까? 그 성과가 경기의 덕분인지 아니면 경쟁사의 실수 때문인지 그냥 운인지 어찌 알겠는가? 결국, 온 힘을 다해 최선을 다하고 부당하게 공을 가로챔 당하지 않도록 기록과 소통을 잘하고 주변의 동료나 상사에게 진심으로 대하여 신뢰를 유지하는 것 외에 달리 무엇을 할 것인가?

그리고 그럼에도 불구하고 영 희망이 보이지 않으면 그 조직은 자신이 그토록 온 힘을 다 바쳐 충성할 가치가 없는 곳이다. 그러면 그 '파이팅 스피릿'을 가지고 떠나서 새로운 기회를 찾거나 아니면 다소 굴욕을 참고 매월 따박따박 지급되는 급여에 감사하며 밥값을 하면서 살아가는 것일 뿐. 살아 보면 그게 그렇게 나쁜 것은 아니다.

VII
떠날 때

예상하지 못했던 회사 사정의 변화(조직 축소, 합병 등), 직무 변동, 업무의 고충 등이 있지만 취업대란 시대라서 그래도 버텨야 할 것 같은데, 너무 힘들어요. 이럴 때는 어떻게 해야 하나요?

60
물러설 때
: 떠나야 할 때

 팀원

어느 때 떠나야 하나요? (끝까지 참고 버텨야 하나요? 아니면 미리 떠나야 하나요?)

 팀장

젊어서 고생은 사서도 한다는 말이 있다. 젊은 시절의 좌충우돌 경험이 앞으로 있을 우여곡절을 견딜 재산이 되기 때문이기도 하다. 그런데 이직을 하는 데 있어서는 굳이 사서 고생할 필요는 없다. 아무리 힘들고 어려운 직장이라도 적(籍)이 없는 것보다는 낫기 때문이다.

나를 오라 할 만한 곳이 나타날 때까지 이미 마음이 떠나 버린 직장이어도 참고 버텨야 한다. 이직할 곳을 찾지 못했다면 실력이 키워질 때까지 참아야 한다. 조직은 경력이 단절된 사람은 반가워하지 않는다. 더군다나 단절된 경력을 그냥 어학 성적이나 여행으로 채울 만큼 심지가 약한 사람은 더욱 원하지 않는다. 이직을 하고 싶은 회사가 지금보다 업무 강도가 약하고 환경이 좋아도 마찬가지로 극한의 상황을 견딜 줄 아는 좀 강하고 단단한 사람을 원한다. 그런 사람이 오래 일할 사람이라고 생각한다.

그래도 못 참겠다, 그만두어야겠다 싶다면 매월 정기적으로 받아 가던 월급의 가치를 훌훌 털어버릴 심적, 물적 여유가 되는지 놀 때도 확실하게 놀 자신이 있는지 이를테면 전 재산을 털어 세계 여행을 할 정도의 배짱은 되는지 생각해 보길 권한다. 경력 단절이나 이직 준비 기간을 무색하게 만들 '무엇'에 대한 계획과 실행 의지가 있는지를 들여다보자는 말이다.

이직을 준비하면서 그대는 한층 더 성숙해진다. 이직이 갖는 장점 중의 하나지만 정해지지 않은 곳을 향해 막연한 기대감과 긍정주의로 지금의 자리를 박차고 나가서는 안 된다. 지금의 '그곳'을 나와서 새로운 자리를 찾는 시간이 길어지면 그렇게도 힘들었던 이전의 '그곳'을 그리워하고 동경하는 자신을 발견하게 될지도 모른다. 믿을 구석이 만들어지면 그때 나와도 늦지 않다. 따라서, 완벽하게 준비되어 있지 않은 이상 그곳을 떠나와서는 안 된다.

그리고 마지막으로 떠나는 그날까지 지금 맡은 일에 최선을 다하라. 그대에 대한 진정한 평가는 그대가 떠난 이후에 이루어지기 때문이다. 또한, 그 평가는 그대를 계속해서 따라다닐 것이다.

 임원

'일하는 것 자체가 죽기보다 싫다, 회사 출근이 너무 싫다, 동료나 상사와 인간적으로 상종하기가 싫다, 끊임없이 내 정신과 육체가 황폐해지고 있다, 불법적인 일이 자행되는데 내가 할 수 있는 일이 없다', 등등의 상황이라면 이직을 고려해야 한다. 그러나 그전에 반드시 도움을 받아야 한다. 현 상황을 객관적으로 보아줄 수 있는 신뢰할 만한 누군가에게 도움을 요청하라.

61
이직
: 흔들리는 그대에게

 팀원

예상하지 못했던 회사 사정의 변화(조직 축소, 합병 등), 직무 변동, 업무의 고충 등이 있지만 취업대란 시대라서 그래도 버텨야 할 것 같은데, 너무 힘들어요. 이럴 때는 어떻게 해야 하나요?

 팀장

어려운 과정을 거치고 들어간 회사도 내 마음 같지는 않다. 초심을 되돌아보기에는 자신의 일상이 너무 팍팍하다. '무턱대고 힘들다, 어렵다, 다른 직업이 눈에 들어온다'는 이유로 당신의 사정을 공감해 주고 싶지는 않다. (회사 사정의 변화는 좀 다른 문제이므로 제외하고) 과중한 업무, 끊임없는 야근, 칭찬 없는 성과, 사차원 동료, 그리고 쥐꼬리만 한 월급 등의 사면초가 가운데서도 살아남아야 한다. 이것은 모두 당신 선택의 결과임을 인정하고 가자. 부모님이 원했든 일하지 않고는 안되는 어려운 상황이었든 마지막 보루였던 곳이든 남 탓하지 말자는 거다.

　이제 냉정을 되찾고 그대가 흔들리게 된 근본 원인을 찾는 데로 눈을 돌려 보도록 하자. 나는 '이곳이 왜 싫은가'를 스스로 분석해 봐야 한다. 지금 속한 부서가 싫고 하고 있는 일이 맞지 않는다면 인사고충이라도 넣어서 다른 부서로 발령을 요청해 볼 일이다. 낯익은 공간과 동료들이 있지만 새로운 업무로 인해서 이직과 비슷한 효과를 낼 수 있다.

　조직 차원에서도 이제까지 교육하고 인재로 키워 볼까 하는 신입사원이 이탈되는 것만큼 낭비는 없다. 지독한 고충이라면 한 번 타진해 볼 필요가 있다. 단, 명분 있는 고충이어야 한다. 설득하기 어려운 이유로 이동을 요구하면 앞으로 회사 생활이 매우 곤란해진다. 이런 원인을 찾으면서 자신을 돌아보는 계기도 된다. 이것이 그만큼의 위험 부담을 안아야 할 정도로 참기 어려운 일인가 반문해 보길 권한다.

　하지만 인사이동을 통해서도 해결할 수 없는 '회사 사정의 변화(조직 축소, 합병 등)'와 같이 당신의 노력으로 어찌할 수 없는 원인에서 비롯된 것이라도 주어진 시간 내에서 만들 수 있는 최대한의 역량을 만들어 두고 나와야 한다. 기본적인 경력이든 실적이든 말이다. 제발 그냥 나오지 마라. 퇴사하고 신입사원 몇 개월 동안 받은 월급으로 '기분 전환하고 취업 준비하자'는 가벼운 마음으로 허송세월 보내지 말기를 바란다.

 임원

많은 신입사원, 즉 주니어들은 수시로 이직을 꿈꾸고 실제로 이직을 알아보기도 한다. 그런데 이유를 보면 입사 후 어느덧 자신의 초심(初心)을 잃거나 자신의 에고(Ego)가 회사보다 크다고 착각한 경우가 있다. 이런 경우는 언급할 가치도 없다. 객관성을 회복하면 그대는 성장할 수 있고 아니라면 얼른 그 회사를 떠나는 것이 좋다. 적어도 여러 명의 소중한 직장을 망치는 죄를 짓지는 않을 테니까.

물론 이직을 고려해야 하는 경우도 있다. 아무리 노력을 해도 그 부서에서 그 일을 하는 것이 죽기보다 싫다면 분명 문제가 있는 것이다. 적성에 안 맞는 경우라면 노력을 해서 적응하도록 하고 그래도 아니면 부서를 옮겨야 한다. 많은 경우 단지 1~2년 일해서는 진정으로 자신의 적성을 알기가 어렵다는 것도 참고하시라.

다만 회사가 침몰하고 있는 경우 그대가 기여할 수 있는 일이 별로 없고 전망이 어두울 때도 있다. 이 경우, 이직은 자신을 위한 최고의 선택으로 고려될 수도 있겠다. 또는 비도덕적인 일이 벌어지고 도저히 내가 해결할 수 없을 때에도 그러할 것이다. 그런 것들이 아니라면 지금 그곳에서 최선을 다하고 승부를 내는 자세가 필요하다.

62
떠나야 할 때
: 떠나기 위한 명분 쌓기

 팀원

떠날 때는 말없이 나와야 할까요, 하고 싶은 말은 다 해야 하나요?

 팀장

떠나기 위한 준비 과정에서 할 말은 미리 해 두는 편이 낫다. 이직을 하는 데도 이유가 있다는 것을 미리미리 남겨 놓으라는 얘기다. 일종의 '명분 쌓기'이기도 하다. 그렇다고 지금 하고 있는 자신의 일을 태만히 해서는 안 된다. 이미 마음은 떠났는데 열심히 일하는 것도 쉽지 않겠지만 어느 때보다 최선을 다해야 한다. 이직을 준비하는 과정이라고 생각해 봄직하다. 떠나는 순간까지 자신의 커리어를 쌓는 영리함이 필요하다.

이직을 하는 이유는 자기 계발, 진로 등의 자신 안에서 비롯된 이유일 수도 있지만 인사 적체로 인한 승진에서의 탈락, 연봉 협상 결렬 등 조직 내에서 있는 요인일 수도 있다. 조직에서 발생한 원인이라면 더욱 말해 봄직하다. 그러기 위해서는 평소 일을 성실하게 해 두어야 그 말에도 힘이 있다. 그렇다면 하고 싶은 말이 어디까지인지 무슨 말을 하고 어떤 말을 하지 말아야 할지 감도 온다. 다른 사람의 뒷담화나 감정적인 논쟁은 떠나기로 준비한 이상, 큰 의미 없다.

즉, 자신이 그 조직을 나와야 하는 합당한 이유가 떠나올 때 할 수 있는 말이자 꼭 해야 하는 말이다. 누구나 고개를 끄덕일 만한 합리적인 말이 아닌 그저 감정이 상했거나 상사의 일 처리가 마음에 안 들었거나 하는 등의 이야기들은 묻어 두고 가자. 아무리 허접한 선임이라도 어디에선가 아는 사람이 있고 연관되어 있다. 세상이 엄청 좁고도 좁다.

말이 많으면 그 당시는 즐겁고 기쁠 것 같아도 말이 많을수록 실수도 많고 기분 상할 일도 많아진다. 그곳에 남아 있지 않고 떠나온 자에 대한 뒷이야기에 대해서는 그대가 변명할 기회도 없다. 말 한마디에 천 냥 빚도 갚지만 말 한마디에 나락으로도 떨어질 수 있음을 잊지 말기를 바란다. 떠날 때는 말없이. 명심, 명심하자.

 임원

회사 대부분은 퇴직면접(Exit Interview)이 기본 업무 과정(SOP: Standard Operating Procedure)에 포함되어 있는 경우가 많다. 통상 직접 상사와 인사 담당이 만나 떠나는 이유, 개선 및 제안 사항, 근무 중 비윤리적 행위 목격 여부, 부당행위의 피해 여부 등을 묻게 된다. 이때 개인적인 화풀이나 뒷담화가 아니라 옳다고 생각되는 얘기를 하는 것이 가장 좋다. 그런 얘기는 자신의 사심을 섞지 말고 미래 지향적이고 도움이 될 만한 얘기를 가능한 한 공식 채널을 통해서 전달하는 것이 향후 불필요한 오해를 피하는 방법이다.

63

새로운 시작
: 이직을 위해 준비해야 할 것

 팀원

이직을 위한 준비사항은 무엇인가요?

 팀장

모든 것이 완전히 준비가 되었다면 이제는 떠날 준비를 시작하면 된다. 퇴직 통보와 함께 인수인계를 시작해야 한다. 인수인계를 할 때는 메일보다는 업무를 매뉴얼화하고 결재를 받아 두는 것이 현명하다. 인수인계서에 담길 내용으로는 주요 업무 설명, 업무 주기, 필요 사항, 업무를 진행해야 할 때 주의 사항, 기존에 진행해 온 사항, 향후 계획되어 있는 사항 등이다.

그리고 업무 관계자 연락처도 빠뜨리지 않아야 한다. 인수인계가 깔끔하면 떠난 자에 대한 평가가 다시 시작되기도 한다. 그만한 사람이 없었다든가, 늘 두고두고 아쉬워하는 인재가 될 수도 있다. 이미 그대는 그곳을 떠나오기로 작정했지만, 인생은 또 어찌 될지 모르는 일이다. 뒷마무리가 깔끔한 당신을 늘 그리워하게 하는 것, 그게 당신에게 남은 마지막 과정이다. 후임자가 두려워하는 전임자가 바로 당신 같은 사람이다. 그래야 나중에 뒷말이 없다. 일을 제대로 했는지 안 했는지 떠나온 뒤에 더욱 명백해지는 경향이 있다.

퇴직 기간은 회사에서 정한 내규를 따르는 게 마땅하다. 어느 정도의 기간을 두고 퇴직 의사를 밝혀야 하는지를 미리 봐 두어야 이직할 회사에도 양해와 협의를 진행할 수 있다. 떠날 거니까, 무턱대고 며칠만 남겨두고 퇴직 의사를 밝히지는 말자. 그동안 열심히 쌓아 온 명성이 한순간에 무너질 수 있다.

특별히 회사 내 업무 관계자는 물론이고 외부적으로 연관 업무를 진행해 온 사람들과도 작별 인사를 꼭 전하고 나올 것. 새로운 곳을 찾는 것만큼이나 떠나올 곳에 대한 예의도 충분히 갖추어야 한다. 당신을 힘들게 했던, 보람차게 했던, 웃게 하였던 그곳의 경험과 사람들, 모두 당신의 재산이다.

 임원

떠나는 직장도 그동안 자신의 생계를 책임져 준 고마운 곳이고 이후에도 여전히 다른 동료들의 둘도 없는 소중한 직장이다. 그곳의 지속 가능성을 위해 자신이 할 수 있는 것은 최대한 신경써서 인수인계를 해 주어야 한다. 특히, 처리되지 않은 위험 요소는 반드시 기록을 남겨 공식적으로 전달해 놓는 것이 좋다.

소질문1: 이전 직장에서 사용한 자료나 메일은 언제까지(얼마나) 보관해야 하나요? 인수인계 기간은 어느 정도 생각하면 되나요?

소답변1: 본인이 맡았던 일이 법적으로 관련된 것이 닿다면 당연히 법적 제척 기간(除斥期間)을 고려해서 보관할 것은 보관하는 것이 좋을 것이다. 그러나 이런 경우는 드물 것이고 나중에라도 도덕적, 법적, 사회적으로 문제가 될 수도 있다고 판단하면 적절한 기간, 관련 서류나 자료를 보관하는 것이 안전한 방법일 것이다. 인수인계 기간이나 자료 보관 기간에 관해 정답은 없다. 여느 때처럼 보편성과 상식을 고려하여 현명하게 결정하면 된다. 물론 필요하면 변호사 등 전문가의 도움을 받아야 하고.

소질문2: 계속 다니라고 하면서 새로운 제안(직급, 급여인상 등)이 있을 때는?

소답변2: 물론 그때부터 원점에서 다시 판단하면 된다. 떠나려는 이유가 명백하고 다시 남기로 한 이유도 합리적이라면 그 딜에 대한 주변의 평가는 신경쓸 게 아니다. 오히려 남기로 한 이후에 상사나 회사 경영진과의 신뢰 관계가 그대로 유지가 되는지가 판단의 중요한 기준이 될 것이다. 일단 사직 의사를 표시한 순간, 함께 어려움을 같이 극복하며 오래할 수 없는 사람이라는 꼬리표가 붙기 마련이다. 머물기로 할 때 과연 회사도 그대를 진심으로 원하는지 아니면 단순히 경쟁사에게 빼앗기기 싫다거나 바쁜 현재 상황을 일시 모면하기 위함일 수도 있다. 반대로 그대의 진심이 받아들여져서 현 직장에서도 그 믿음이 유지되어야 하는 것은 중요한 고려사항이다.

64
이직 그 후, 관계 지속하기

 팀원

이직 이후에 옛 동료나 상사와의 관계는 어떻게 해야 하나요?

 팀장

그대는 이전 조직을 떠나올 때 어떤 이유로 떠나왔는가? 하고 싶은 말은 다 하고 왔는가? 떠날 수 있는 합당한 명분 쌓기는 충분히 하였는가? 이러한 질문에 부끄럽지 않은 답을 갖고 있는 그대라면 옛 동료나 상사와의 관계도 꽤, 깊이, 지속할 수 있다. 그래서 떠나오기 위한 준비를 할 때 당시 속한 곳에서의 마무리가 더욱 중요한 이유도 여기에 있다. 합리적이고 수긍할 만한 이유로 떠나온 그대는 그 조직에서도 그대가 그립다. 유능한 당신을 붙잡지 못한 것에 아쉬움이 있다. 그렇게 만들어 두어야 한다. 그래야 연락할 마음도 생기지 않겠는가.

두 번 다시 보기 싫은 사람은 차치하고 이직 준비가 다 될 때까지 참고 버틸 수 있도록 도와준 '그 누군가'와는 지속적으로 연락해야 한다. 그대가 그 사람을 또다시 어디에서 어떻게 만날지 모를 일이다. 세상은 생각보다 넓고도 좁다. 어느 누군가에게 믿고 시키는 사람, 믿을 만한 사람이 된 순간에 떠나온 그대라면 (꿈에서라도 보기 싫을 사람은 제외하고) 이전 회사의 동료와 지속적으로 연락해야 한다. 거기서 당신을 알아본 보석 같은 사람이라는 것을 잊지 말기를 바란다.

어느 정도 주기적으로 연락해야 할지 어떻게 인연의 끈을 이어갈지는 관심 있는 쪽에서 더 많이 애써야 하는 바다. 이전 조직에서 신입이었던 그대가 그 역할을 해 나가는 편이 오히려 지속하기에 쉽다. 먼저 연락하라는 거다. 단, 억지로 한 연락은 오래 지속되지 못한다. 지금은 동료지만 이제 이곳을 떠나면 그들은 당신의 '사람들'이다. 오랫동안 두고 보고 싶은 인연인지 배울 만한 관계의 사람인지 닮고 싶은 롤모델이 있는지 찬찬히 곱씹어 보라. 그들에 대한 나쁜 감정을 들추어내자는 개념이 아니다. 그저 앞으로 살아가는 데 이 회사가 아니어도 사람 대 사람으로 오래 보고 싶은 사람, 그런 사람에게 연락하라는 거다. 정치적인 연락은 오래가지도 못하고, 별로 소용도 없다.

대신 싫은 사람, 별로 연락하고 지내지 않은 사람이었더라도 불러줄 때는 감사한 마음으로 동참하라. 조직에서 만날 때랑 사적으로 만날 때가 또 다를 수 있다. 같은 모습이라도 먼저 불러 주면 두말 않고 가는 거다. 그 사람을 한 번 더 보는- 조직이 아닌 다른 곳에서 더 관찰하고 배울 점을 들여다볼 -기회인 거다.

 임원

　기본적으로 모든 인연은 소중하다. 내가 알고 있는 과거 모든 경험의 사람은 소중한 자원이라는 사실을 기억하고 살아라. 하물며 함께 공동의 목표를 위해 함께 고민하고, 싸우고, 밤을 새우고, 서로를 알아가던 사이라면 그 좋은 추억을 잘 기억하면서 인간 대 인간으로서 새로운 관계를 검토할 수가 있을 것이다. 물론 억지로 할 필요는 없다. 더구나 의식 수준이 낮은 사람은 가까이할 필요가 없다.

65
이직 그 후, 사람 관리

 팀원

이직 이후에 나에 대한 나쁜 소문을 흘리는 것을 알았어요, 어떻게 하면 되나요?

 팀장

이직을 위해서 인수인계 시 그동안 진행해 온 업무에 대한 내용을 문서로 남기고 결재를 받아두라는 이유가 여기에 있다. 대부분 떠나온 자리에서 소문이 나는 이유는 인수한 일에서 무성의하다고 생각되거나 펑크가 날 때 생긴다.

인계를 받은 사람이 실수한 것이어도 전임자를 먼저 탓하고 지나간다. 그래서 명백하고 분명하게 인수인계의 내용을 문서로 남겨 두고 오라는 거다. 이직을 준비하느라 일에 소홀했다거나 엉터리로 해왔다는 이미지만큼- 그 자리에서 버텨 온 당신에게 -억울한 일도 없다. 일에 대한 평가에서는 이렇게 관리를 할 수 있다 하더라도 인간적인 면, 감정적인 면으로 나쁜 소문이 나는 것에는 마음을 내려놓자. 여기에는 달리 명백한 방법이 없다. 행여 무슨 행위를 하는 게 더욱 큰일을 만들 소지가 있다. 이럴 때는 이 정도 했으면 이미 할 만큼 다한 자신에게 스스로 던지는 격려를 해 주어도 된다.

 임원

억울함을 밝힐 기회가 있다면 밝히되 나온 직장의 소문에 크게 연연해할 필요가 없다. 그전에 무조건 억울하다고 피해자 코스프레만 하지 말고 그런 나쁜 소문이 나는 것은 자신에게 조금이라도 문제가 있거나 잘못이 있다는 것을 겸허히 인정하고 반성할 것은 제대로 반성을 해야 한다. 왜냐하면, 그대는 소중한 사람이니까.

VIII
임원의 자문자답(自問自答)
질문이 없어 못다 한 이야기

1. 인생은 게임이다

이 글을 읽는 대부분은 게임을 매우 좋아할 것이고 게임에 대해 잘 알고 있을 것이다. 사실 인생은 거대한 게임이다. 승자에게는 돈, 명예, 권력, 혹은 멋진 이성이 상품으로 제공된다. 직장생활은 그 거대한 게임의 중요한 일부를 이루는 또 하나의 짜릿한 게임이다. 지금까지 60여 개의 질문에 대한 내 조언은 직장인으로서 직장에서의 게임을 좀 더 잘해내기 위한 조언인 것이다. 내 말이 믿어진다면 어떻게 게임에 임해야 하는지 알려 주겠다. 게임의 속성은 네 가지다.

첫째, 게임은 '이기기' 위함이다. 그래서 직장생활이 그토록 진지하고 심각한 것이다. 남보다 인정받는 것, 승진하는 것, 더 많은 연봉을 받는 것, 경쟁사를 이기는 것 등 승리를 노리지 않는 게임이 상상이나 되는가?

둘째, 게임에는 반드시 '규칙'이 있고 그 게임에 참여한다는 것은 그 규칙을 무조건 따라야 한다는 것이다. 그 규칙들이 게임 참여자들에게는 거추장스러운 제약 조건으로만 느껴질 때가 많을 것이다. 그러나 규칙을 어기고 게임에서 이긴다는 것 자체가 무의미하고 게임의 룰을 어기는 순간, 이미 수치스러운 짓을 한 것이다. 인생에서의 규칙은 남을 해치지 않으며 자신의 의무를 다하는 것 등이다. 직장과 사회에서의 규칙은 법과 윤리 규정을 준수하고 남을 해치지 않고 비열하지 않으며 자신의 약점을 보완하고 강점을 살려 정당하게 남과 경쟁하며 이기는 것이다.

셋째, 게임은 '재미'가 있어야 한다. 재미없는 게임을 왜 하는가? 살다 보면 좋은 날도 있고 나쁜 날도 있다. 왜냐하면, 바로 그것이 게임의 묘미이기 때문이다. 그때마다 일희일비(一喜一悲)하지 말고 매 순간을 즐겨라. 이 게임에 참여하여 그런 묘미를 즐길 수 있다는 것에 진심으로 감사하라. 남과 함께 웃고, 즐기고, 떠들고, 고민하고, 투쟁하고, 노력하는 매 순간이 그런 재미의 주요 구성 요소다.

넷째, 게임은 '게임일 뿐'이다. 최선을 다해야 하지만 목숨을 걸 일은 아니다. 절대로 자신의 몸을 해치고, 남을 해치고, 법을 어기고, 수치스러운 짓을 하고는 죽는 순간까지 괴로워할 짓을 할 만한 가치가 전혀 없다. 정말 하다가 안 되면 인생의 많은 게임 중 '하나에서 졌다'는 것을 쿨하게 인정하고 재부팅하고 다시 시작하면 된다. 새로운 게임으로 바꾸어 타면 된다.

사랑스러운 여러분, 젊은이다운 호연지기(浩然之氣)를 잃지 말지어다. 최선을 다해 멋지게 인생의 게임을 즐기고 삶을 여유 있게 바라보고 어떤 결과이든 겸허하게 받아들이라. 그렇게 살다 보면 어느덧 모든 게임의 승자가 되어 있는 자신을 발견하게 될 것이다. 그리곤 자신의 게임 노하우를 후배들에게 전수하여 더 멋진 인생을 살도록 조언해 주기를 바란다.

2. 매일 성장하고 발전해야 하는 그대

우리는 매일매일 발전하고 성장해야 한다. 다들 동의할 것이다. 그런데 어떻게? 여기 신비한 카메라가 있다. 얼마나 신통방통(神通旁通)한지 이 카메라로 사람을 찍으면 그 사람의 외양은 물론 육체적, 정신적, 심지어는 영적 능력까지도 정확히 찍어서 보여 준다. (그런 카메라의 존재 여부에 의심을 하기 전에 일단 있다고 믿어 보자.) 그 카메라로 지금 그대를 찍었다. 그리고 정확히 1개월 뒤에 또 찍었다. 또 3개월 뒤에, 또 1년 뒤에….

이렇게 찍은 사진을 비교했을 때 매번 그대는 육체적, 정신적, 영적인 모든 면에서 성장하고 발전한 모습이 나타나 있어야 한다. 그렇게 살아야 하고 누구나 마음만 먹으면 그렇게 할 수 있다.

정말 어떻게 해야 할지 모른다면 그런 그대를 위해 간단한 해결 방안을 알려 주겠다. 세 가지만 신경쓰고 집중하면 된다. 당장 내일이건 1년 뒤이건 수십 년 뒤이건 미래의 그대를 바꾸게 하는 것은 세 가지다.

첫째, 지금 그대가 읽고 있는 책. 둘째, 지금 그대가 만나고 있는 사람. 셋째, 지금 그대가 가지고 있는 가치관(價値觀), 인생의 목표 혹은 비전 (Vision)이다. 지금 책을 읽고 있어야 하고,- 그것도 유익한 책을 읽어야 하고 -읽고 있는 내용이 얼마나 소중한지 인지해야 한다. 지금 만나고 있는 사람이 즉시 내 인생을 바꿀 수 있는 사람이다. 어찌 소홀히 대할 수 있으랴?

세 번째 것에 대해 말하자면, 사실 그대의 가치관이 가장 상위 개념이다. 멋진 가치관이나 비전을 가지고 있으면 자연히 그에 맞는 책을 골라서 읽게 되고 또 그 내용도 소중하게 간직하게 된다. 그러면 만나는 사람도 저절로 귀인(貴人)이 되고 아무리 쓰레기 같은 인간 말종을 만나도 무턱대고 무시하지 않고 배울 것을 찾아내게 된다.

그럼 어떤 가치관이나 인생의 목표를 가져야 하나? 실패하지 않고 멋있게 성취할 수 있는 가치관이나 목표를 가지면 된다. 소위 호연지기(浩然之氣)의 목표인 것이다. 절대 찌질한, 단기 목표를 세우지 마라. 우리는 주변에서 흔히 이런 목표를 가진 사람들을 본다. '이번 학기에 올 A를 받겠다', '우리 반에서 1등을 하겠다', '명문대를 들어가겠다'부터 '신의 직장인 xx공사에 입사하겠다', '일은 가장 적게 하지만 월급을 제일 많이 주는 직장에 취직하겠다' 말이다.

문제는 우선 그 찌질함의 지독한 수준이지만 더 큰 문제는 그런 목표는 확률상 너무도 달성하기가 어려운 것들인 것이다. 그리고 어쩌다 달성되어도 자신의 성장이나 발전은 물론 행복과도 전혀 무관한 것들을 얻고 나서는 또 다른 좌절과 방황을 하게 되는 것이다. 그러나 그대가 만약 '나는 한국에서 가장 멋진 전문 경영인이 되겠다', '가장 훌륭한 시민이 되겠다', '최고의 가장이 되겠다', '대한민국 최고의 애국자가 되겠다', '지구를 구하는 데 큰 기여를 하겠다', '깨달은 자가 되어 대중을 구원하겠다' 등과 같은 원대한 목표를 세운다면 모든 생각, 말, 행동이 그런 쪽으로 실행되는 순간 그 목표에 계속 다가가고 있으니 실패할 확률은 제로인 것이고 자신이 만나는 사람, 자신이 읽고 있는 책도 저절로 연결이 되어 매일 성장하고 발전하게 될 것이다. 어떤가, 이보다 더 좋은 꽃놀이 패가 있는가?

아참, 정말 그런 신비의 카메라는 있는가? 있다. 바로 그대가 마음속 깊이 간직하고 있다. 꺼내어 쓰기만 하면 된다. 그대가 거울을 보면서 혹은 명상을 하면서— 자신을 성찰하고 스스로에게 솔직할 용기만 있다면 —자신이 육체적, 정신적, 심지어 영적으로 얼마나 성장했고 '어제의 나'와 '오늘의 내'가 어떻게 다른지 확실히 알 수 있는 것이다.

3. 책은 마음의 양식

책은 마음의 양식이라는 명언이 있다. 정말? 정말이다. 그런데 사람들은 그 뜻을 잘못 이해하고 있다. 마음의 양식이기 때문에 책은 어쩌다 한 번 읽어도 되고 때론 일 년 총 독서량이 허접한 만화나 신문기사, 인터넷의 요약된 정보를 읽은 것으로 충분하다고 생각하는 경우도 많다.

절대 잘못 안 것이다. 책은 마음의 양식이기 때문에 정기적으로 꼭 먹어 주지 않으면 내일의 그대는 성장과 발전을 논할 지경도 안 되는 것이다. 지식이 고갈되는 것만이 아니고 생각의 힘이 약해지고, 정신이 점점 황폐해지고, 마침내는 정신이 굶어 죽는 지경까지 이르는 것이다.

허접한 만화책은 라면 하나 정도, 가끔 읽는 신문 기사는 정크 푸드나 스낵 정도, 그런대로 괜찮은 책은 매끼 식사 정도, 훌륭한 고전은 약발이 3개월 정도 가는 보약 정도로 생각하면 된다. 10년 전에 읽은 고전이 평생을 간다고 착각하지 마라. 책은 반드시 첫 페이지부터 마지막 장까지 다 읽는 습관을 지니도록 하라. 어쭙잖은 요약본을 인터넷에서 보고는 그 책을 읽었으니, 마음의 양식을 먹었다고 생각하는 것은 엄청난 착각이다. 그 요리 설명서를 읽고는 먹었다고 착각할 뿐이다.

4. 질문하는 자의 두 가지 요건: 마음을 열고, 비워라

당나라에 아주 명성이 자자한 선승(禪僧)이 있었다. 깊은 산속에 칩거(蟄居)하고 있지만 황제도 어려운 일이 있을 때 직접 만나 자문할 정도로 존경을 받는 인물이었다. 한편 당대 최고의 석학으로 알려진 인물도 있었는데 유교, 제가백가(諸子百家) 사상은 물론 불교, 도교 사상까지도 막히는 것이 없는 최고의 대학자(大學者)였고 그가 남긴 글이나 책들은 그 자체가 존경과 감탄의 대상이었다. 그 대학자는 어느 날 의문이 생겼다. '어찌하여 글 한 조각 남기지 않은 저 선승이 저토록 추앙(推仰)을 받는단 말인가? 괜한 신비주의와 불립문자(不立文字) 운운하면서 세상은 물론 황제까지도 농락하는 것은 아닌가?' 하는 정의감(더하기 상당한 시기심)으로 직접 가서 만나 보고 점검해 보기로 하였다.

깊은 산속을 걷고 걸으면서 '어떤 어려운 질문으로 그 선승을 시험할까?' 골똘히 생각하며 종일 가다 보니 어느덧 그 선승이 있는 사찰이 보였다. 그런데 웬 동자가 이미 알고 마중을 나와 있었다. 어느 정도 신통력도 있는 듯하고 자신을 알아주는 것 같아 내심 흡족한 마음으로 들어가서 선승을 만났다.

　마주앉아 보니 선승은 이미 기가 막힌 향을 내는 차를 달이고 있었고 학자의 자리에는 아마도 황제가 하사한 듯한 절묘한 푸른색의 청자로 만든 찻잔이 뚜껑이 덮인 채 놓여 있었다.

　"차를 드시겠습니까?" 하는 말에 학자는 그 찻잔의 뚜껑을 열고 찻잔을 넘겼더니 선승은 따뜻한 찻물을 붓기 시작하였다. 기대하는 마음으로 보고 있던 학자는 어느덧 찻잔이 가득 차도 계속 따라 붓는 선승을 보면서 당황했다. 조금 지나니 앉아 있는 자리도 젖을 만큼 물이 넘쳤다.

　"아, 스님, 이제 더 부어도 물만 넘칠 뿐입니다. 그만 따르시지요."
"아 그렇군요. 차가 더는 들어가지 않는군요." 그 말을 듣는 순간 얻어맞은 듯 머리가 번쩍한 학자는 일어나 공손하게 큰절을 올렸다. "죄송합니다. 제가 교만했습니다. 비우겠습니다." 그리고는 찻잔을 비워냈다.

　선승은 크게 웃으면서 그 찻잔을 받아 깨뜨려 버렸다. 학자는 다시 한 번 큰절을 올리고 깨달음에 감사하며 떠났다.

　가르침을 요청하는 자는 우선 마음을 열어야 한다. 그 대학자는 적어도 찾아가는 순간 마음을 어느 정도는 연 것이다. 그러나 이미 자신의 학식과 자신감으로 가득 차 있는 학자는 아무리 찻잔 뚜껑을 열어 놓아도 선승이 어떤 가르침을 주어도 받아들일 수가 없다. 이를 선승이 가르쳐 준 것이고 그 대학자는 바로 알아차린 것이다.

살면서 간단히는 요가 수업, 어학 학원, 회사가 주선한 강의 등 많은 선생을 만나고 배운다. 때로는 선배를 만나, 전문가를 만나, 멘토를 만나 물어보기도 한다. 그때 마음을 열고 비우고 겸손한 마음으로 대해야 한다. 그대가 묻는 대상으로 선정한 이상, 상대는 무엇이라도 그대보다 더 나은 것이 있지 않은가?

자, 질문을 하려는 그대여. 그대는 마음을 열었고 비웠는가? 더 나아가 큰 그릇을 가져갔는가? 그대 그릇 크기만큼 담아 갈 수 있을 것이다.

'잠깐, 그 선승은 왜 찻잔을 박살 냈고, 대학자는 감사했나요?'

그 선승은 깨달음의 길을 알려 준 것이다. 깨고 다다름이다. 당연히 마음을 열고 비우고 그 그릇 크기만큼 받아들일 것이다. 그러나 진정한 깨달음은 그 그릇마저도 깨뜨려버리고 자신의 본래에 다다르는 것이다.

5. 항상 감사하는 마음으로 살아가면 반드시 성공한다

살면서 주변의 성공한 사람들을 잘 관찰해 보면 공통적인 특성이 보인다. 그것은 다름 아닌 감사한 마음이다. 성공한 자들은 사소한 것에서도 진심으로 감사함을 느낀다. 가장 가깝게는 부모에 대한 감사부터 주변에서 허드렛일을 해 주는 사람들까지 일상에서 감사할 일을 끝도 없이 찾아내는 능력을 지녔다. 믿기 어려우면 우선 의지를 내서 열심히 따라해 보라. 그런데도 성공을 못 하면 나를 찾아와서 따져도 좋다. 배상해 줄 테니. 이것은 100% 검증된 사실이니까.

6. 명문 특목고에 명문대 출신인 그대는 자신을 엘리트라고 믿고 있는가?

이 글을 읽는 그대가 특목고 출신이고 명문대를 나왔다면 이미 그대는 충분히 자신의 지적 능력, 우수한 암기 능력, 문서 해독 능력 등을 증명한 인재이다. 그러는 동안 소소한 좌절은 있었겠지만 가족의 찬사와 주변의 부러움을 받으며 자신을 엘리트라고 믿게 되었을 것이다.

그런데 회사에 오니 갑자기, 그런 자신을 알아주기는커녕 오히려 무시하고 지시하고 유치한 일만 시키는 어이없는 상황을 맞이하게 된다. 더 열받는 것은 그렇게 하는 선배나 상사는 학력도 보잘것없고 심지어는 그대(의 부모)보다도 훨씬 가난하다. 즉, 모든 면에서 그대보다 열등한 것 같다. 그대의 참신한 의견도 대부분 묵살하기 일쑤이다.

그러면서 일이 년 지나다 보면 저 지방대 출신 동기가 먼저 진급하고 위대한 그대를 알아주는 사람은 아무도 없다. '왜 내 주변은 바보들만 행진하지? 이곳은 너무 질이 떨어져. 나를 알아주고 내 꿈을 펼 수 있는 곳으로 이직해야지. 일단 이 찌질한 곳을 떠나자.'

이 순간, 그대는 이미 자신이 엘리트가 아니라는 것을 증명하고 있음을 알아야 한다. 자신의 에고(Ego)가 자기 자신보다 크기 시작하면 그 순간 그대는 열등해진다. 아는 만큼 실행할 수 있어야 하고 실행한 만큼 실적을 낼 수 있지 않으면 그대는 엘리트가 아니다. 단지 시험 점수 뒤에 숨어서 속으로 벌벌 떨면서도 남을 비웃고 있는 겁쟁이인 것이다. 직장은 이익 집단이다. 현실에서는 Book-Smart한 사람보다는 Street-Smart한 사람이 더 필요할 때가 닿다.

자, 우월한 그대여. 사실 그대는 학창 시절에 그대의 우월함을 이미 증명했다. 지금 필요한 것은 과거의 성과에 노예가 되지 않고 자신의 부족함을 인정하고 진심으로 감사한 마음으로 자신에게 월급을 주는 그대 회사와 더 나아가 고객에게 보답을 하기 위해 멋진 성과를 올리도록 혼신의 힘을 다하는 것 뿐이다.